打开爱的生命盒子

从讨爱到情感治愈

赵梅如 著

图书在版编目（CIP）数据

打开爱的生命盒子：从讨爱到情感治愈 / 赵梅如著 .—
上海：上海社会科学院出版社，2020

ISBN 978-7-5520-3198-0

Ⅰ.①打… Ⅱ.①赵… Ⅲ.①家庭教育—教育心理学
Ⅳ.① G78

中国版本图书馆 CIP 数据核字（2020）第 148513 号

打开爱的生命盒子：从讨爱到情感治愈

著　　者：赵梅如
责任编辑：赵秋蕙
特约编辑：贾凌芝
营销编辑：吴乃歆
插画绘制：章　鱼
封面设计：主语设计
出版发行：上海社会科学院出版社
上海顺昌路 622 号　邮编 200025
电话总机 021-63315947　销售热线 021-53063735
http://www.sassp.cn　E-mail:sassp@sassp.cn
印　　刷：河北鹏润印刷有限公司
开　　本：710 毫米 ×1000 毫米　1/16
印　　张：16
字　　数：170 千字
版　　次：2020 年 11 月第 1 版　2020 年 11 月第 1 次印刷

ISBN 978-7-5520-3198-0/G·994　定价：49.80 元

致读者

赵梅如

每个人的生命盒子里都装着爱，也渴望在家庭中感受到爱。但是我们从小就将幸福的爱、受伤的爱分别收藏在“讨爱满足”和“讨爱凝滞”两个盒子里，并且自己死命地依据分类去感受。尤其是受伤的讨爱凝滞，常常让我们生病。古书《楚辞·渔父》篇有说：

“渔父曰：‘圣人不凝滞于物，而能与世推移’。”

我们的讨爱之旅也是如此。人之所以会受伤，原因不是在家庭中彼此没有爱，而是我们总停留在原地打转，一日复一日啊！于是，情感没能与年岁一起前进，反而长期处于凝滞状态。

其实，对于受伤的我们来说，治疗是“外力”，是向外寻求专业的帮助；而治愈则是“内功”，是一种“发自内在的意志”。就是说，只有你自己可以决定让自己好起来。

所以，就让我们“来爱”：一起打开爱的生命盒子，把爱找出来，让家人间的爱意再次流动起来。

目录

引 言

把家庭里的爱找出来

前些天我在修一个弄坏了的东西。我先生眼见不可能修好，就问我为何还要浪费时间，他说直接丢掉，换个新的就好。我不喜欢他在一旁说风凉话的态度，就说：“不用你管。”他说：“如果你能弄好，我就叫你一声‘娘’。”我几乎条件反射地回说：“谁爱当娘啊！我知道你这人对老婆最好，对娘、对爹、对女儿、对儿子都没对老婆好，我还是当你老婆吧。”说完，我忽然明白过来，在现在这个世道，父母最难当！虽然如此，当父母的还是初衷不改，不管怎样也要把最好的给孩子。这本书要说的就是，我们到底要怎样才能当称职的父母，才能将我们的爱表达得让我们和孩子都觉得舒服。

说起父母难当，我想起一个故事。有一个人很有能力，能将一只平常的猪养成样样指标都最棒的冠军猪。于是很多人前来采访，想知道他是如何养猪的。他说他天天给猪吃龙虾鲍鱼。这个回答备受批评，许多人指责他：好多人还在忍饥挨饿，而你竟然为一只猪这样浪费。第二年，他依然得到了冠军，依旧有一堆采访。这一次他改了说法，称自己都是利用厨房的剩菜剩饭来养猪

而已。结果别人认为他虐待一只冠军猪。到了第三年，冠军还是非他莫属。这一次接受采访，他说他的秘方是每天给猪100元，猪爱吃什么就自己去买。这个故事不就是为人父母“吃力不讨好”的心情写照！

我的专长——把爱找出来

我一直都在做家庭亲情方面的研究，而且也一直在做家庭咨询与家族治疗的工作，因此我有一堆说不完的亲情故事，甚至还练就了一门不凡的功夫——帮人家把家人的爱找出来。有人会问，“把爱找回来”和“把爱找出来”有何不同？这真是个好问题。把爱找回来，是说爱失去了，所以要把爱找回来。而我坚信爱，尤其家庭里的爱，一直都在，从来没有失去过，所以我要做的就是“把家人的爱找出来”。

说到这里，我先讲一个非常优秀的爸爸的故事。一般而言，父母总会想着要把最好的东西给孩子，无论是孩子的现在还是未来，父母都想给孩子安排一条最安稳的道路，让孩子面对最少的伤害。但是，并不是所有的安排都是最好的。孩子是一个个体，会有自己的感受，想要选择属于自己的人生，这让父母常常觉得:“我都是为你好，你怎么就不懂呢？”应该说，两代人的想法确实存在着落差，但谁能知道，这落差交织出多少爱的遗憾！

“根和翅膀”是父母给孩子最好的爱

我认识一位医生朋友，是个传奇人物。18 年前，他曾得过喉癌，经过一系列治疗后，虽然癌症被治愈，他的脸色却变得暗沉，面部形状两边不对称，看起来怪异。但这些都无损于他的医术，很多人都很信赖他，会找他治疗。

这位朋友其实是个很有毅力的人，当年考大学时，他曾立定志向要考取一所著名的医科大学。然而分数公布后，他虽然能上大学，却上不了他心仪的大学，于是他毅然决定重考。然而这样连续考了三年，三次却都同自己的理想擦肩而过，他这才不得不接受命运的安排，上了一所没有名气的医学院。毕业后当了医生，他刻苦钻研医术，期间又凭借强大的毅力战胜了癌症。

但他的心结好像一直没有打开，他盼望自己的孩子能替自己圆梦，他认为那对孩子也是最好的，他也认真教育孩子朝这个目标努力。他的儿子很争气，第一年就考上了那所著名的医科学校，算是完成了他未了的心愿，为此他十分高兴。可是，儿子毕业的那一天，却跟他说:“爸爸，这是你要的人生，不是我想要的，我已经把你的心愿完成了，请不要再来跟我讨要恩情。从今天起，我将成为我自己。”

“我将成为我自己”是多么令人震惊的话啊！后来这孩子并没有做与医学相关的事，而是到了一家国外的科技企业工作，并且不愿意再与父亲对话。不过，这还算是个不错的结局，至少孩子与父亲都得偿所愿。我见到过更多的是令人唏嘘的悲剧！有人因为某种原因导致人格分裂，精神异常，甚至走上毁灭之路。奈

何一份至情的亲爱之心，却落到最不堪的下场呢！我们其实应该本着为人父母的初衷，成全孩子，使他能因为这份亲情而成为自己。

有句谚语说：“父母能给孩子最好的礼物就是根和翅膀。”让我们给孩子我们能给的最佳资源，成为他的根基，助他展翅飞翔！

爱孩子——要放手，还要放心

关于放手与放心的话题，让我想到一个寓言故事——“王呆子的第六个馒头”。

在一个村庄里，有个人名叫王二，是个老实而憨厚的庄稼汉，大家都叫他王呆子。有一天他饿了，来到一家面馆吃饭。他接连点了素菜包、花卷、葱花包、煎肉包、酱肉包，吃完还觉得不饱；他又点了个馒头来吃，这下终于吃饱了。王二说：“早知道吃馒头就能饱，那我直接吃馒头就好了！何必浪费精力吃前面的五个包子呢！”

天下父母，就跟这王二一样，就是个“呆子”。王呆子能吃饱分明是因为有前面那五个包子垫底，他却认为是第六个馒头让自己吃饱的。父母有时候也是这样，一味地想给孩子一条康庄大道，一再跟孩子说这是为他好，不想让他跟自己一样走许多冤枉路，却不知道，自己今天能走在一条平顺的路上，正是因为经过了许多蜿蜒难走的小路，甚或许多自认为走错的路。

所以，亲爱的父母们，我们要学会放手与放心，让孩子慢慢吃专属于他的那五个“包子”，这样他才能跟我们一样“吃饱”，才能咀嚼出第六个馒头的回甘。

当然，也有另外一种父母，主张“我就是要让孩子吃点苦，这样他才能成大器”。令他们苦恼的是，孩子就是不愿意吃苦，只想要现成的。其实，这一类型的父母还是“傻父母”，因为他们其实是要孩子去吃父母吃过的“包子”。他们不知道的是，孩子并不是不愿意吃苦，而是孩子有属于他们自己的“包子”要吃。

难过的家庭生活剧

我有一个闺蜜叫意乐，我们很早就彼此认识。她偶尔会找我聊天，由于我们太熟了，她并不会将我当成心理咨询的专家，反过来还常常消遣我。她常说，学心理的大概自己都有点心理问题。但是近来，她的身体出现了不少毛病，例如肾结石、鼻子过敏、脊椎某一节中空，住院治疗还引发了败血病。尽管她已经上医院做了全身健康检查，还做了最贵的一种扫描，检查结果也清清楚楚，但她还是认为自己一定有别的病，只是还没检查出来。

我听着听着，心里猜想：或许她是用“生病”的方式来“讨爱”——因为这样或许比较能得到他人的关心。有一次我跟她说，她可能有虑病症，这是一种表现为过度担心自己生病的心因性病症。因此我建议她可以去看医生，没想到她反应很强烈，情绪激动，几乎要哭出来。

她告诉我，她去看过心理医师，她当时以为自己压力很大，但是她想不通其中的缘由。她先生是亿万富翁，虽然先生很节俭，但对她却很好，不管是流行的保健品，还是名贵的包包、手

表都满足她！这种情况可能就像我的一位医师好友所说，有些人一直买名贵车子、包包等，是因为不快乐，所以想通过展示这些奢侈品，让人觉得自己是有价值的、值得被爱的。但是购买了奢侈品后却更不快乐，这是因为他们心灵空虚。

我推测意乐可能潜意识里认为自己生病时，比较能得到她先生的注意与关心。意乐却认为这不应该怪她先生，说不定是因为她自己生病出的状况。我劝她不要乱找各种传说中的名医与偏方，不要乱吃药，意乐却抱怨我都不愿意听她把话说完。

很多人逃避问题的说辞都一样，就是责怪别人不听他说话，却没有意识到自己已经重复说过多次了。这其实是他的一种心理投射，他不想听别人说话，就说对方不把他的话听完。

意乐说她先生赵亿一直在数落家里的人，说孩子不中用，只知道享乐，也骂意乐懒惰，什么都不做。我理解赵亿，他家历代务农，家族里都是踏实肯干的人，能成为亿万富豪家族，凭的就是这种精神，再加上上天垂顾。他们家住的房子属于独栋高楼，但从装修家具，到日常吃用也都很简单朴素。自从意乐嫁过来以后，家里的情形才渐渐有了改变，有了欧洲上好的餐具，衣橱换成了名牌——因为意乐的爸爸曾是驻外人员，意乐很受西方文化的影响。

赵亿的爸爸勤劳少话，可是妈妈却成天唠叨个没完，不停数落他们这些孩子、孙子太懒惰。意乐的公公过世后，婆婆患上老年痴呆，不再能唠叨了。可后来赵亿只要回到家，就会去屋子后头的菜园里看看，拔拔草，浇点水，即使晚饭已经煮好了也要去，好像变成了一种仪式。但是他从菜园回来一进门就开始骂孩子懒惰、不中用。每天早上 7 点，他一定要意乐起床，只为了给他泡一碗燕麦，哪怕明知道意乐常常失眠，需要借助安眠药才能入睡。

赵亿的这些行为让意乐和孩子很受困扰，但是却没有人敢说出来。我问意乐，你的家里布置得很温馨，你们两位又都没有暴力倾向，很重视孩子，也很勤劳有爱心，但是为何每个孩子都想离家越远越好？意乐说："都是因为我先生啊！"

因为意乐担心孩子被先生骂，于是紧紧盯着孩子。她也曾当着孩子的面跟先生有过争执。因此我建议她，如果可以，先从自己做起。我说："赵亿可能是因为他的父母过去用'骂'的方式表达对子女的关爱，所以他也只会用相同的方式对待你和孩子。如果你能少唠叨孩子，避免当着小孩的面跟你先生争吵，或许情况会有些改善。"

然而意乐仍是心事重重，又提起孩子们那些让她难受的事。她有一个儿子和一个女儿，两人都曾去英国留学。儿子现在在爸爸公司工作，已经结婚，但是坚持不住在家里，宁愿用微薄的工资在外租房子住。目前父子俩相安无事，这已经是很好的状况了。

要知道 3 年前，还在读大学的儿子曾让他们夫妻焦头烂额，几近崩溃。当时，他竟伙同前女友一起设局，让女朋友色诱男人，诈骗钱财。没想到两人闹翻，前女友（当时未满 18 岁）将他告上法庭，说是被意乐的儿子性侵和教唆犯案。意乐两口子花大价钱请了知名律师，又动用各种人脉，才终于让事情结束。所幸，那段日子总算是过去了。儿子现在虽然与他们偶有争吵，小小惹一些麻烦，总是会来拿钱，却也不再惹出大事，老老实实在

自家公司工作。

意乐还说她的女儿整天也摆出一副臭脸。她本来打算去看心理医师，想让女儿也去，因为她不仅认为自己病了，甚至相信连女儿也有病。但她又说："心理医师说的都是屁话，说要我多表扬孩子，结果更糟糕。我现在不相信这样褒奖能怎样，我们现在连（跟女儿）说话都不成了。"（我听到意乐的声音有些哽咽）我安慰她：大家都不习惯讲表扬的话，父母都只会唠叨，所以我们需要多练习。意乐说她的父母不会一直唠叨，但也不太会说表扬的话，因此她不相信表扬会有效。

意乐不信任心理医师关于表扬能改善关系的说法——这在心理学上称为"习得的无助"，意思是弄错了方法，不仅没有得到期待的效果，反而产生了相反的效果。几次以后，我们就会认为这样的行为是没有用的，从而产生"无助"的心态。

于是我问意乐，她都是怎么表扬女儿的。她说："我虽然觉得她不好看，还是跟她说'你真是女大十八变，越来越好看了，妈妈相信一定有很多人喜欢你。'"我说："这就是了。你心里觉得她不好看，这样的表扬就会显得很假，你女儿心里再清楚不过了。我们需要的是真心诚意，尤其是用勉励的口吻，而不是一味赞美。"

意乐接着说："我也有啊！例如我问女儿既然很会交朋友，为何不出去跟同学一起逛逛街、看看电影。每当这时，女儿就很凶地回说'你管我'。"意乐还提到她最近身体不适，需要动手术，希望女儿能陪伴她。女儿是陪了，但那是因为意乐给了女儿钱；女儿人在医院里，还整天绷着个脸（意乐说着又有些哽咽）。

我一直在想，如何才能让意乐明白我的意思。意乐好像总觉得我在批评她做得不好。其实，意乐跟很多父母一样，看上去总是担心孩子，为了孩子好，但根本上还是将自己放在高处，想要“教”孩子，却看不见孩子真正的感受，不知道他们心里到底在想什么。但是我清楚，意乐和她先生一样，心里有个很压抑、很受伤的“内在小孩”。例如，她的先生一直以来辛苦做事，却没有人看到他的付出，没有人表扬他。我常说，像赵亿这样的父亲，天地之大，好像就只欠他一个表扬。所以，如果意乐可以从自身开始，学会表扬先生，这个家将会有更多温暖和爱的交流！

那么，为何像意乐的这种状况会在很多家庭一再重演？为何赵亿要天天做一样的动作——很忙碌、很有钱，还要跟父亲一样，到菜园种菜；明明不喜欢妈妈的唠叨，明知道这样会让老婆、孩子都难过，却还要天天在饭桌上说着跟妈妈一样的唠叨？为何赵亿这么认真节俭，却舍得让意乐买很贵的奢侈品？为什么赵亿家不缺钱，儿子还要去诈骗别人？为什么意乐对孩子很好，女儿却跟她不贴心，总是冷脸相对？这一系列的问题，我们该怎么看待和解决呢？

从“我是为你好”看家庭里的“讨爱”

在我的研究和工作经历中，总是看到一样的循环，好似命运捉弄人一般：有着家暴经历的人，好不容易逃离儿时那个不堪的家，成家后偏偏陷入新的家暴中；单亲家庭长大的人，也是容易成为单亲父母。为什么我们曾经很不喜欢父母的教养方式，自

己当了父母还是使用那样的方式呢？为什么当时父母这样教养我们，我们不仅没有怨言反而能成才，但同样的方法用在孩子身上，他们却不能体会我们的用心呢？又是为什么我们为孩子好，换来的却是他们的叛逆？

如今，这些问题困扰着许多父母。的确，我们中国文化历经五千年，形成了世界上最悠久、最优良的文化传统之一——“家族主义文化”。其中最重要的价值在于我们重视家庭的传承与和谐，这令世界称道。可现今，为何优良的家族文化不再好用？难道各国文明带来的冲击，已经使之式微？当然不是。我们只是需要探索一种更符合时代潮流和具体情境的家庭情感交流模式。

当我还没有结婚时，我将我家所有的情感交流方式视为理所当然——父慈子孝，兄友弟恭，勤劳恭敬，认真实在，不疑有他；要背三字经、朱子治家格言，也无二话。然而，结婚后，我和我的另一半来自不同的家庭，我们的价值观在很多方面产生碰撞，常常无法相互理解。所幸因为有爱，我们学会慢慢将爱找出来，这才有了今日的恩爱相处。

讲一件很简单的事。我儿子上小学一年级的第一天，书包里带回几本教科书。我先生拿出来看了一下，叮嘱儿子明天要将语文第一课背下来，并当场拿出数学课本教儿子。儿子说老师没有叫他们背课文，也没有让他们预习数学——他根本不愿意配合爸爸的教导。见此情景，先生转而怪我，说我是学教育和心理的，怎么可以这样放纵孩子不学习。

隔天回来，我看见先生已经手拿棍子监督儿子背课文，然而儿子完全不会，于是就被打屁股。我很生气，我说这样的做法完全不符合教学心理，我们是要让儿子喜欢上学习这件事，而不是用这种方式强迫他。先生却反驳我说："我是被我妈妈打大的，我今天不也成了大学教授，你们有什么好抱怨呢？"

我问先生："那你被妈妈打是因为你没有背课文吗？"他说是。我说："所以你不喜欢语文嘛！甚至讨厌作文，不是吗？"我继续说："你今天会喜欢数学，是因为你的妈妈不懂数学嘛！"我记得儿子刚上小学一年级那会儿，第一学期结束的那天，他回到家，放下书包就跟我说："我绝对不要读数学系，我也绝对不当大学教授。"这就是结果。

我问过我先生，当他被他妈妈打时，他喜欢吗？他说当然不喜欢。可是他也没有想过这件事是否不对，他只知道"小孩不能不教"。我想很多人都是如此，从没想过一件事情合不合理就照做了。在我小的时候，老师也都是少一分打一下。我小学六年级的老师是要打耳光的，我们当时还要鞠躬说谢谢。现在时代不同了，我们自然地有了不同的情感表达方法。

依据我的研究成果和咨询经验，如果我们将父母表达爱的方式粗略分成三个不同代际的表达，那么祖父母辈是"自我牺牲的爱"，父母辈是"'我是为你好'的爱"，而到了最近的一辈则是"'别管我，不要为我费心'的爱"。

我们会对这三种方式有许多疑问。这些不同的爱的表达是如何影响人际交流和家庭和谐的呢？它们之所以一代传承一代，到底存在怎样的因缘？如果在每个不同时代，这些爱的表达都有着自己的意义，那为何传承下来却滞碍难行？这样的一代传一代，上行下效地复制、模仿，是否也是一些错误的教育方法的恶性循

环？那要如何才能脱离这样的恶性循环，如今我们当父母的要如何是好？

请读者和我一起来探讨这个重要的话题：讨爱，也就是家庭里的爱的交流。

我们将透过心理学家与教育学家的理论解析和案例分析，说明“讨爱”背后的原理与心理机制，了解一系列重要概念，包括“内在小孩”“讨爱”“讨爱满足”“讨爱凝滞”“情绪地雷”“安全依恋”“生命脚本”“生活剧本”以及“纠举与勉励”。

然后，我们将剖析讨爱的过程——我们是如何受伤，会有怎样的创伤与负能量，以及这些后果对我们的一生有着怎样的影响。

最后，也是最重要的是，探讨如何让勉励成为家庭教育的精神，帮助我们把深厚的爱找出来，以关照每个家庭成员。

第 1 章

讨爱的几种表现

我们家的外孙女小昕昕从6个月开始学会翻身，渐渐地，她可以坐起来，身体也变得更灵活。而且她很少哭，有时还会无来由地被逗得哈哈大笑。有一天，我抱她坐在我腿上，然后继续在电脑前工作，而小昕昕则玩着我桌上的笔。起初，我发现笔一直掉落，以为是小昕昕无意间弄掉的，便默默地将笔捡起来。但是，随后我却注意到：她是有意的。我看到她提起笔，身子移动到桌边，先将手伸离桌面，再放开，笔就掉下去了；她听到这笔落在地上发出的声音时，脸上露出笃定而满意的神情。直到五只笔都掉光了，她就不安分起来，再坐不住了。这时，如果我不再捡笔了，她就发出哼哼的哭声；而当我再度捡起笔来，她便又开始重复丢笔。

那笔落下的声音操控着我跟她，她静观我是否捡笔，只要我发出动作捡笔，她就会满意地笑笑。我终于知道：她是想要引起我的注意，与我互动——她跟我讨爱，我回应她的讨爱。她乐在其中，我也甘愿被她讨爱，因为爱的交流使她安心，使我开心。我明白了，拿着笔的小昕昕可以很开心地玩耍、唱歌，笔就仿佛是我跟她之间爱的信物，她因深深感觉到自己是如此值得被爱而满足。

讨爱的本质是温暖回应

前面举了意乐家的例子。她先生每天重复的行为，虽然让家人难受，但也是一种讨爱的表现。那么，讨爱究竟是什么？

在中文里，“讨”是个动词，大致上有三个含义。一个是讨伐，例如声讨、征讨；一个是研究、推理，例如讨论、商讨、探讨、研讨；还有一个是索取、讨要，例如讨债、讨好、乞讨。这三个意思恰好反映了三种心理位置。第一个意思描述的心理位置是高高在上，第三种则是卑微低下，只有在第二个意思中，人的心理位置才体现为一种平等、尊重的关系。

我个人认为，第二个意思最接近真正的生命交流形式，因为我们终其一生都在“探讨”人与人交流所产生的最美好的爱。

我们初生时都是婴儿，当我们渐渐有了一些能力，便开始慢慢探索；当我们需要爱的时候，就会发出很多信号，包括哭、笑、动手、依偎等。孩子会慢慢探讨，归纳出最有用的讨爱方式。他渐渐成熟了，透过探讨与联结，知道什么时候哭、什么时候笑、什么时候做什么动作最能得到回应。然后他会从父母亲的回应里，为自己建构一种获取父母的爱的方式，并逐渐形成他往后人

生关于爱的交流与互动的基本样式——这就是人类最初的生命沟通形式。

接下来，让我们从一些相关的心理学实验分析，以及生活里真实情感互动的案例，具体地了解讨爱背后的原理与机制。

美国威斯康星大学的动物心理学教授哈洛（Harlow）曾经主导过一个有名的实验。虽然他的这项研究实验因为将恒河猴母子分离，不符合人道主义精神而为人诟病，但他的发现却有着超越时代的深刻意义，唤醒我们重新检视对于“爱”的认知与体悟。

人类已进入21世纪，科技带来的方便非前人所能想象。然而，也有一些弊病因此生成。例如，人类最需要担心的、名列首位的病症竟然是跟自己攻击自己有关的抑郁症——这表示人类在“爱自己”这件事情上生病了。另外，世界各地也频繁地发生恐怖攻击、凶杀事件，这表示人类在“爱别人”这件事情上也生病了。由此可见，人内心的恐惧已经超越过往世纪里人类所能想象的程度。

这些心灵受伤的事件，将人类带进了一个深度探索心灵的认知旅程，我们都很想知道：到底是什么因素，使得科技进步、物质富裕的时代人类的爱却可能不安恐惧？我想试着把哈洛的研究发现与现实进行对照，探讨人类在这个时代里，能安心自在地爱自己、爱家人和爱世人的方法。

我们的一生与一个称之为家的地方有着不解之缘。家庭本应该提供温饱与爱，从物种的本能而言，这是一个生命所必需的养分。但是人们真能事事如愿吗？我们暂且将这两种生存要件称为“温饱”与“温暖”，那么到底哪一项比较重要呢？或许你想都不想就回答，温饱绝对是生存的第一要件。我们也相信一句话，叫“有奶便是娘”。但事实果真如此吗？如果人能得到温饱，却没有温暖的爱，可以生存下去吗？很多心理学家都很想知道一个答案——到底什么是爱的本质呢？

自20世纪30年代开始，心理学界倾向于相信生理需求是人类行为的动机，并且所有的心理需求都建立在生理需求满足的基础之上。因此，当时学界普遍认为：婴儿是因为饥饿、口渴等生理需求，才需要依赖母亲。但是从第二次世界大战也就是20世纪40年代开始，被卷入战争的国家产生了许多破碎的家庭和收容孤儿的机构，研究者们尤其是心理学家最想研究的就是，这些被社会剥夺了爱的权利的孩子，他们的生存现状。

当时，许多国家社会正待重建，物质资源贫乏，因而那时候的机构大部分都很穷，往往是一个人照顾八至十二个孩子，照顾者跟孩子之间也无法有太多互动。一般来说，6个月大的婴儿已经可以进行许多肢体活动，开始能与人交流；但这些孤儿院的弃婴却很少哭，很少发出喃喃的声音，有人抱时，身体的姿势僵硬，对周围的人也没有太大兴趣。而且，在孤儿院住得越久的孩子，越容易有情感创伤和不安全的情感联结，因为他们的讨爱是备受挫折的，对此他们已经有了绝对的绝望心理。二战后孤儿院中儿童的生存状况，使心理学家深刻地意识到，互动与交流对生命来说，是一件重要的、不可忽视的事情。

到了20世纪50年代，哈洛就小孩对母亲的依恋问题提出假设，他认为一个孩子的生存，需要的不仅仅是母亲的喂养。因此，在1957年到1963年间，哈洛承接40年代的思想，他以约

300 只的恒河猴为实验对象，做了一系列实验。选择恒河猴作为实验对象，是因为恒河猴作为灵长类比老鼠或者鸽子与人类更接近。哈洛将恒河猴分成多组进行研究，试图了解生物需求与生存原则的真实状况。

哈洛“爱的本质”的实验

温暖的怀抱比吃饱更重要

在哈洛的许多实验研究中，最为人津津乐道的是这一实验：将一群刚出生一天的恒河猴从妈妈身边带走，此后的 165 天中放在有两只人造母猴的空间里生活。他对这两只人造母猴做了一些巧妙的安排，一只是用铁丝网做的“妈妈”，胸部绑着奶瓶，可以 24 小时提供奶水，保证温饱；另一只则是身上覆盖绒布的“妈妈”，体内有一个电灯泡用来提供温暖，但身上没有奶瓶。

通过这个对比装置，他想观察小猴子和哪个妈妈接触的时间更长。如果生理需求这一生存原则高过一切，那么小猴子应该会比较喜欢和“铁丝网妈妈”在一起。

然而，实验结果显示，在一天 24 小时中有将近 18 小时，小恒河猴都在“绒布妈妈”怀里；只有其中 3 小时里，小恒河猴饿了才趴在提供奶水的铁丝网妈妈怀里吸奶，其他时间则在两边跑来跑去。

这个结果让哈洛很欣喜，因为这与他的假设是一致的：生命的生存，除了吃饱喝足的需求，温暖与抚慰更重要。

即使面临危险，温暖的怀抱还是最重要

后来，哈洛想知道面临生存危机时，生命会有不同的选择吗？于是他将小恒河猴再分出一组，让它们只能在铁丝网妈妈那个笼子里生活，并且故意制造危急情境，例如突然丢一些木制东西进笼里，或者放一个巨大的敲着鼓的玩具熊进去。

每当这些状况发生时，只要有选择机会，小恒河猴一定会紧紧趴在绒布妈妈身上，慢慢安静下来，因为绒布妈妈能够提供心理上的安全感。而那些无法选择绒布妈妈的小恒河猴，却瘫倒在地，不断地大声尖叫或撞击自己。这让哈洛更相信，小恒河猴会对母亲依赖，并不仅仅因为能从母亲那里得到食物，更重要的是母亲的温暖。

此前的实验发现，面临危机时，小猴子全都会奔向绒布妈妈。那如果这个危险来自绒布妈妈本身，小恒河猴会有什么反应呢？哈洛进一步在绒布妈妈身上安置机关，比如，“她”的身上会突然喷出强劲的气流或射出冰冷的水柱，甚至会伸出铁钉刺伤小恒河猴。然而，只要状况停止，被吓开的小恒河猴们依然会投入绒布妈妈的怀抱，因为它们一直都有关于绒布妈妈的温暖记忆。

毫无疑问，这种对妈妈的爱的依恋，是生物生存的最重要需求。

回应交流比温暖怀抱重要

165 天过后，哈洛让成长的恒河猴回到猴子群中。结果它们成长得极不顺利，看起来很孤僻，不但不能正常融入猴群的生

活，甚至无法正常交配，有些还伴有攻击同伴或自残的行为。当强制它们繁殖下一代时，大部分无法成为称职的母亲，有些对后代置之不理，严重的还会伤害幼猴。这使得哈洛更想知道，到底是什么因素让这些小恒河猴这样反常？所以他做了进一步的实验研究。

他在绒布妈妈身上加装了一个按钮，当启动按钮时，绒布妈妈会有摇摆的动作，就像活物一样对外界刺激有所反应。而且，他每天让小猴跟真正的猴群玩耍半小时，然后再送它们返回笼子里。结果，这些猴子在长大以后，和真的妈妈带大的小恒河猴没有什么明显的差别。

于是，哈洛得出结论：温暖触摸、摇动回应和互动玩耍这三种行为组成了爱的交流，可以满足一个灵长类动物成长的全部需要。而这三种行为，都包含着一项特质，就是——当有一方讨爱时，另一方能同步给出回应。

回应爱的需求最关键

实验过程中，小恒河猴真正的妈妈在孤立的笼子里生活，但是每天有机会和其他成年猴以及小猴子进行互动，所以它们都是正常的。在正常成长的猴子里，会有一些特别积极，它们不断去接触那些孤独绝望、有心理疾病的猴子，给予它们各种心理的支持和关怀。经过几个月的不离不弃，那些病猴居然能够慢慢地从创伤的阴影中走出来，恢复正常的社交。这样的结果，再次证实了——回应交流才是生命对于爱最关键的需求。

哈洛的实验成果给心理学界带来很大的震撼，心理学家们没想到爱的交流的力量如此强大，对生物的生存不可或缺。这样的交流，这样的讨爱，似乎是从生命在胚胎时就启动的，并将持续到生命终止的那一刻。

爱会一直重生

在以往的心理学理论（尤其是精神分析学派）中，学者们特别主张小时候的心理经历是难以改变的。而在科学尚不发达、一些精细测量脑部活动的仪器还未出现之前，认知神经学家在超过一百年的时间里，也一直主张脑细胞是一出生就固定不变的。

然而，自 20 世纪 90 年代起，认知神经科学新的研究结果推翻了这种说法。例如，普林斯顿大学的研究小组发现，人类的脑细胞不停在代谢，甚至每天都有大约 15% ~ 20% 的新细胞重新形成，尤其是跟同理心相关的杏仁核脑区还在不停生长。只要给予大脑足够多的互动与交流的刺激，人类的同理心与爱的情感就能被激活，给生命带来无限生机。只要我们能再次给生命以回应与爱的交流，生命就能重新拥有满满的讨爱的力量。

然而，长久以来，我们总是误把“讨爱”理解成“索讨“或者“乞讨”，却忘了其实讨爱也可以是正向的情感交流。讨爱里的“探索”，就跟我们常说的“情感需要‘经营’”是一个意思。也就是说，我们能够向婴儿期的自己学习，经由探讨，得出一个令自己“可爱”的情感交流方式。

讨爱，无非想获得一个爱的回应！然而，并不是每一次讨爱都能那么顺遂。在我们人生的历程里，一定有些讨爱得到了满

足，而有些却没有得到预期的回应。这些或甜蜜、满足、欢欣，或挫折、难堪、愤恨的人生经验都会被一一装进我们内在的生命盒子里，跟随我们一辈子。

而这些经验是如何存在，又是如何发生作用的呢？在人生路上，我们可能会感觉到，很多事尤其是感情的事，总是在重复上演，好像一直循环而走不出来似的，很多人无奈地将之归因于命运的操弄。即便如此，只要回看过去，明白自己讨爱受挫的原因，并克服它，我们也一定可以找到一条走出来的路。

就让讨爱在一次次的回应中，激荡起人生旅程里最美好的情爱浪花！

讨爱的内在小孩

我们可能无法单凭记忆去找出自己儿时是如何探讨爱的交流的。但是，我们却可以回溯自身成长历程，从生命的痕迹中重新发现它。那么，让我们先从心理学上的一个概念——“内在小孩”开始，找出讨爱的过往。“内在小孩”指涉个体的过往创伤、童年记忆、赤子之心或内在超越力量，这个概念可以帮助个人与其自我建立正向联结。

一个人的人生里有很多关于“内在小孩”的故事，那是我们生命历程里富含感情的故事。当我们回顾时，好像可以说那时的心情是落寞难过的，也可以说当时是欢喜安心的。那么，这样不同的表述到底意味着什么？其实，哈洛实验里发现的“爱的本质”已经回答了这个问题——我们在人生历程里，无非就是想知道自己的成长与努力有没有得到父母温暖的回应，在父母眼中我们是不是值得被爱的小孩。让我们先通过一个故事，看看内在小孩对我们后来生活的影响。

脚踏车里的爱

我与父亲，有一段关于脚踏车的共同回忆。在我即将读初中时，因为学校在郊外，离家较远，我需要一辆脚踏车代步。爸爸在我开学前一天才想起来这件事，由于来不及教我学骑车，他专程弄来了一辆有两个辅助轮的矮脚踏车。那车子的椅垫、架构都是红色，在一片深色脚踏车里很显眼。因为途经的道路不宽，只够一辆大车通过，我们上学的队伍不得不一人接着一人通过这段路。因为并排和超车都很危险，所以每天都有训育组长和几位老师沿途巡视。我骑得慢，总是远远落后于队伍，训育组长就骑机车在一旁催我快些，我只好使劲地踩。这样经过将近一个月的光景，我才终于骑着跟大家一样的脚踏车上学。

我当时是埋怨爸爸的，觉得他怎能这么不上心，都到开学前一天了，才来处理我上学的交通工具，想来我在爸爸心中应该是不重要的，我没那么值得被爱。尤其在众人都看着的情况下被催促不要耽误大家，我觉得很尴尬。

可是我也知道当时家里的状况，心里也会有另一种想法：爸爸的确是忙，警察的工作有时不分昼夜；妈妈也忙，照顾家里，还要为人做衣裳——这些都是为了我们四个孩子！而且，爸爸一定很费神地跟脚踏车老板商量，这样才能借一辆给我。虽然骑矮脚踏车让我很难堪，还因此被训育组长盯上，但是爸爸一定尽力了！这样想之后，我就理解了爸爸。

于是在此后的人生路上，每当遇到挫折，我总是想起脚踏车里的爱。我后来说给我先生听，也说给孩子听。那装有辅助轮、转速太小的红色脚踏车，使劲踩着踏板的瘦弱的我，以及引人侧目被催促的狼狈光景——这些交织着理解、温情、无奈与困窘的过去，都成为我长大后值得回味的人生风景和激励我不断前行的动力。

每每说起这个故事，我心中就升起满满的暖意，因为我知道在爸妈心中我是很棒的小孩。妈妈最近听我说起这件事却大笑起来，她知道是有过这台脚踏车，却不知道我有被追赶催促的事，她嗔怪我怎么没有给她讲，话语里满是迟来的心疼。看到妈妈笑得开怀，我的心中升起一股暖流，更加确定自己是一个被爱的孩子。想想妈妈会笑，或许是因为我将故事说得生动，并且已经能笑看人生了吧！

生命的奇妙在于，它似乎是神秘的，但也是很好懂的——我们总是想与人亲密，期待得到温暖的回应，找出生命里的爱，让自己感觉内在的那个小孩是值得被爱的。那么，就让我们先来认识一下什么是“内在小孩”。

单纯有力也无助软弱的“内在小孩”

“内在小孩”，是大众心理学或心理治疗领域的一个重要概念，最早是由精神分析心理学家荣格（Jung）提出的。他使用“在里面的小孩”（child within）来形容每个人人格里某部分的自我，这一术语最先出现在 1940 年出版的《儿童原型心理学》（*The Psychology of the Child Archetype*）一书中。而正式使用“内在小孩”（inner child）这个词汇的则是米西迪（Missildine），

该词出现在他1963年出版的《探索你内心的往日幼童》(*Your Inner Child of the Past*)一书中。后来,“内在小孩”得到了普遍的流传和使用。

对于“内在小孩”到底具有怎样的意涵,心理学家的看法并不一致。但是,如同“潜意识”一般,它是个中性词,很容易被人们接受,因为小孩代表着天真、单纯,但也含有无助、需要呵护的含义。所以,“内在小孩”讲的不一定是每个人真实的童年,而是一个隐喻。

在成长过程中,我们有符合社会要求、甚至被社会赞许的观念与行为,这会让我们顺利、快乐地成长。然而,我们心里也有比较不被社会接受、不够成熟的一面,如同躲在角落里难过的小孩。也就是说,每个人内心都有一部分真实感受被埋藏了,这一部分和我们日常生活的表现不同,是我们对外界事物最直接的反应,通常指向在现实世界里受挫的感受。一些没有被满足的需求或被伤害的经验,使人变得脆弱、易受伤、渴望被关心。

现在普遍提到的“内在小孩”,一般指“内在受伤的小孩”。这是可以理解的,因为我们通常会很在意一些难过、低落的心情,而对于快乐、欣喜的心情,则不会太放在心里。

然而,心理学范畴的“内在小孩”有着多重含义。从荣格最初提出的“在里面的小孩”来看,每个人人格里的儿童原型,一方面在外在世界是非常无助的,一方面又拥有不受现实拘束的纯洁力量。荣格甚至认为后者是治愈我们内在创伤的引领者,这种纯洁力量一直都存在于我们内在的生命盒子里,只是都被我们忽略了。

所以，面对生命中的困顿时，如果我们愿意从内在的生命盒子里掏出故事，就像我讲出关于脚踏车的回忆那样，说着说着，我们或许就能将爱找出来。领略了温暖的回应，了解了什么是爱的本质，重新发现值得被爱的力量，我们就有机会治愈那些过往现实里的伤痛。

讨爱的生命盒子

上个世纪末，科技的发展一日千里，令人赞叹，很多仪器的发明让我们更能一窥生命的奥秘。例如，可以侦测脑部活动的核磁共振造影（MRI）技术的出现，使我们有机会探讨大脑的奥秘，揭开认知思维的神秘面纱。我们将借由这些科学实验，揭开生命关于讨爱的奥秘。

两种心态:“我值得被爱”和“我不值得被爱”

利伯曼（Lieberman）是一位社会神经科学家，他认为人类的群居与社交需求是天生的，是一种重要的生存机制。因为人一旦空闲下来，脑中思考社交的区域就会被激活得更频繁，所以大部分时间里，人们不是在做与逻辑思维相关的任务，而是思考别人对“我”的看法，以及“我”与他人之间的关系。

为此，他进行了一个一起玩“网络球”的实验。他设计了一个情境——看似有三个实验参与者，实际上其中两个是事先安排好的假参与者。起先，由他们三人互相传球，后来故意安排两个假参与者互相传球，让那位真正的实验参与者明显感觉到自己被排挤了。

此时利伯曼观测到，这位真正的实验参与者大脑的“背侧前扣带皮层”——让人产生“痛苦感觉”的脑区域被激活。相对地，当我们接收到欣赏、认同、赞美时，即使来自陌生人，我们大脑中的“腹侧纹状体”——让人产生“愉悦感觉”的脑区域也会被激活。他的实验得出这样的结论：人类的进化机制很自然地让我们害怕被排挤，不愿被讨厌，喜欢与人亲近，这样才能确保在族群中受欢迎，从而增加自己生存与繁殖的几率。

这个实验说明了“讨爱”对人类而言，是天生具备的生存能力。实验所测得的大脑被激活的现象，也确实说明人在“讨爱”中有着完全不同的反应：一个是因被排挤而产生痛苦的感觉，一个是被认同而产生愉悦的感觉。

因此，我们假想人的内在有着一个生命盒子，里面放着我们从小到大的各种故事，故事的主角就是我们的“内在小孩”；盒子有各种夹层，区隔着不同的人生经历。经过整理，我将这生命盒子依据心情分成两大类：一个盒子装着“我不值得被爱”的落寞难过的心情，一个装着“我值得被爱”的欢喜安心的心情。

当我们回顾过去时，挫败、倒霉、丧失价值感的经历会被归到前一个盒子；满意的人情交流则被归到后一个盒子。不论哪一个盒子，都可能在生命中不断产生作用。而当我们往自己内在的生命盒子里掏出故事来时，那些温暖和快乐的往日时光，帮助我们在劳累、受挫的时刻，唤起“我值得被爱”的记忆，从而有可能疗愈我们“内在小孩”的心伤。

两种结果:“讨爱满足”与“讨爱凝滞”

只要我们存在，我们就会讨爱。讨爱的历程中会发生怎样的事，结果又会如何呢？我认为讨爱的两个生命盒子，即“我值得被爱”和“我不值得被爱”，会产生两个状况，就是满足与凝滞。

反过来，这两种状况也说明生命盒子里的两种心情在发生作用。这种关键作用深刻影响着我们与他人建立亲密关系的方式。有时候，明明相爱的双方，例如夫妻、亲子、姊妹，也会因为不同心情的影响弄到最后以不爱收场，甚至彼此怨恨。

我举个很日常的例子来说明如何知道我们内在的生命盒子是满足还是凝滞正在起作用。我相信相爱的两个人，在进入真实的日常相处时，很容易遭遇彼此生命盒子里的不兼容。比如恋爱时，我先生喜欢听我说话，因为我很擅长将一件平淡无奇的事说得精彩好笑，所以我一讲，他就笑，他爱听，我就说得更尽兴。我真切感受到我在他心里是“很值得被爱的”，这时候我心中的内在小孩得到温暖的爱的回应——我称之为“讨爱满足”，于是我感到人生充满活力。由于我们沉醉在爱里，刚结婚时彼此相处愉快，希望能一生一世相爱到白头。

然而，这种状况在婚后的日常里渐渐起了变化。婚后，因为居住的城市离老家较远，我们买了一辆新车，方便回婆家或娘家。每一次出发不久，我还在跟先生说着话，他却习惯性地要我先睡，说是要我多休息。这时我就会生闷气，甚至变成发脾气，因为我根本不想睡，也没有在车上睡觉的习惯，我不明白他什么意思，是嫌弃我多话吗？

心理学家说过，普通人的生活里，最少也会有2000至3000个大大小小不同的价值观，例如我喜欢吃手打面，不喜欢电影里有打斗场面，看书时要绝对安静。尽管只要有二三十个价值观相同，人们就会觉得彼此契合，甚至互许终身，但相处后，那些不相同的价值观会一一现形。所以如果发生了不愉快的相处，就要静下心来想想，这些不相同的价值观，到底是什么。

后来我慢慢了解到，我先生很谨慎，担心开车分心，所以他想要专注，不想我在一旁一直说话。受家庭影响，他认为直接表达这种想法是一种不顾别人的表现，有可能得罪别人，让人讨厌，而这其实是他的生命盒子里"我不值得被爱"的观念在作祟。他不敢直说，于是绕着弯要我睡觉休息，这样看起来是为了我好。

而我也觉察到我会生气，是因为我认为先生讨厌听我说话才叫我睡。我之所以会如此敏感，是由于我生命盒子里的"我不值得被爱"的想法也在作祟。我从小被妈妈教导"有耳无嘴"，常常被禁止讲话或过问大人的谈话。到了学校，我也看到上课说话的同学会被惩罚。于是，我从小就有一个"我不值得被爱"的内在生命盒子在发生作用——也就是，讲话是不被允许的行为。我先生要我睡觉不要说话的行为，正好触碰到我的"讨爱凝滞点"，也就是刺激了我的生命盒子里"不值得被爱"的情绪记忆。

就这样，明明两个人在互相表达体贴与爱意，却由于各自的"内在小孩"的成长经历和不同的感情解读方式，上演了一出"相爱容易相处难"的戏码。

先生明明是表达体贴，我听了却生气的现象——我称之为

“讨爱凝滞点”，即个个都仿佛给自己贴上了“我不值得被爱”的标签，虽然时间在继续，但那份难堪的情绪却好像凝结在某个沉重的时空中，停滞不前了。

“讨爱满足点”则表现为，得到关于爱的温暖回应，感到满足和愉快，觉得自己值得被爱。

对生命来说，我们不会只有一种讨爱的方式，而是会有无数的讨爱交流；也不只在儿时讨爱，还会持续这种行为直到生命终止。讨爱是人际关系里情感交流的方式。

探讨爱的形式，就好比经营彼此的感情，如果我们能相知相惜，静心体会彼此的内在小孩的感情，让讨爱满足、不凝滞，我们就能在彼此的温暖回应里相爱。

讨爱的作用

对于还不会说话的孩子，我有一个好方法安抚他们——当他有情绪的时候，就拿起手机对着他录像，不要说话，静静地观察，先拍下来，再找个恰当时机放映出来，约他一起看。

有妈妈很担忧地问我:“他正闹情绪，这样做他会更生气的。”其实孩子会哭闹，极大部分原因是你没有注意他，或者没有耐心慢慢了解他的需求。这种讨爱是生存的必备能力，所以，当你拿着手机对着他，并且没有生气，而是温暖而专注地对待他时，他就觉得自己被注意，被爱着了!

每个生命都是如此。专注，是回应讨爱的最佳方法。生活中处处有讨爱，但是只有足够专注，才能看出对方的内在需求；看懂了讨爱的真相，才能使彼此得到讨爱满足。

处处是讨爱，专心认识它

婴儿大叫，是在讨爱

有一回我跟对门的太太聊天，她怀里抱着8个月大的外孙女，才一会儿，那小婴儿就无端大叫起来，把我们两人都吓了一跳。她马上注视小婴儿，发现好像也没有什么事，于是我们继续聊。又过了一会儿，看着我们的小婴儿又叫了一声，然后她的外婆看着她，问她怎么了，有趣的是，我们看着她时，她好好的；我们专心说话，没看着她，她就大叫。

后来我出门去买东西，在一个生鲜食品柜前，看到一位妈妈怀里的小孩，忽然大叫了一声。我刚好在旁边，便过去询问，知道他是10个月大的小男婴，但那妈妈说不好意思，不知道小男婴为何大叫一声。

其实，这就是一种讨爱的生存本能。小婴儿必须依靠大叫引起注意，因为他自己无法预防可能发生的危险。那位妈妈看货架上的东西看得太投入，小男婴似乎发觉妈妈太久没有跟自己互动了，所以才会以大叫发出警讯，让妈妈赶紧注意他。我家对门的小孙女也是在以大叫来讨爱。

既然我们理解了这样的讨爱现象，那么我们只要随时提醒自己，常与孩子交流互动，他们就能感到安心。

儿子说坏话，是在讨爱

白白的儿子全恒上小学一年级时遭到排斥，主要原因是老师不能接纳他，因为他常常说一些很怪的话，例如:“那地狱来的魔蝎人，想要跟我们打球，但是他带着刀子，想要杀死老师。”小男孩全恒在老师眼中是个具有反社会人格的人，于是在教室的角落里画一个圆圈，要他站在里面，不准说话。

白白很难过，但是也很无奈，只好给全恒转学。白白跟朋友聊天的时候，全恒也会说一些让大人感到困扰、不能接受的话，例如:“我明天要带美工刀，去把老师杀死。”这让白白很生气，因为平时全恒都很好，但是有些时候，尤其是有别人在时，就会发生说坏话的情况。

其实这也是一种讨爱。我试着用另外一种方式跟全恒说话:“全恒，我认识一个跟你一样很有想象力的男生，他常常跟我说他能化身陀螺人，只要一转动，他的旋风就可以卷走坏人喔！我很喜欢他。”然后全恒就会继续跟我说更多他知道的事。

但是白白对这种讨爱一时无法理解，不知道如何帮全恒。我告诉她，全恒可能本来只是一个很有想象力的孩子。白白平常忙于做生意，有时无暇理会全恒，于是，在妈妈跟别人说话时，全恒就会故意说坏话，让妈妈注意他。

在学校发生那样的事情后，妈妈会去帮助全恒。在老师那儿不被接纳的那句“坏”话，就像一个在全恒心里没有过去的点，所以他会重复提及，直到这句话被接纳。这也是讨爱具有的一个特征。全恒的想象力不被老师接纳，使他感觉自己不值得被爱，而妈妈做生意很忙，只有全恒出问题时才会出来处理，这时候他才能全然感觉自己在妈妈心中是值得被爱的，于是，说坏话变成了跟妈妈讨爱的利器，全恒才会一直说，就像婴儿以大叫来讨爱一样。

如果我们不了解什么是讨爱，我们可能会生气，甚至责骂孩子。但是这往往无济于事，因为孩子的讨爱得不到温暖的回应，就会一再重复自己的行为，好像争辩一般，直到有人相信他为止。可是大人只会认为他变本加厉了。

其实这种讨爱行为，只需要妈妈接纳，并以温暖专注的爱回应，就可以解除。例如，白白可以跟全恒说："那如果你杀了老师，你觉得谁会高兴，谁会伤心？"这就是一种专注，因为妈妈想知道全恒心里想什么，这会让他觉得在妈妈心中他值得被爱，相信他的任何答案都被妈妈接纳。假设全恒回答："当然是我高兴，没有人会难过。"白白也可以说："妈妈会难过，因为老师万一死了，她的孩子就没有妈妈，多可怜啊。如果我是你，就不杀老师。"所以白白不必过度惊慌，担心他将来会不会真的杀人，孩子那个纯真的内在小孩只是需要温暖的回应罢了。

女儿吸脚趾，是在讨爱

8 岁的咪咪有着与她的年龄不符的吮吸行为——吮吸唇、手指头、甚至脚趾，让她的妈妈很头痛。由于无法改善，妈妈最后常常生气骂咪咪，母女关系变得很紧张。

原来，咪咪出生后的 3 年内，得到妈妈的全心照顾。后来妈妈又生了一个弟弟，因为是长孙，全家族都对弟弟疼爱有加。咪咪的吮吸行为便是发生在弟弟出生后，而且越来越严重，由吸手指头到吸脚趾头。

咪咪的吮吸行为，也是一种讨爱行为——吮吸代表在妈妈怀里，能受到妈妈全心而安全温暖的照顾，就像小时候一样。但是咪咪的妹妹和弟弟更小，更需要妈妈照顾，因此分走了妈妈对咪咪的关注。咪咪后来吮吸行为越来越频繁，可能是因为妈妈会不断纠正她，使她认为吮吸是可以引起妈妈注意的特定行为。因此，吮吸变成咪咪的讨爱，妈妈的纠正反而增强了她继续吮吸行为的念头。

也或许，咪咪的吮吸行为来自一种不知如何表达自己的焦虑转移。因为整个家族都期待能添男丁，弟弟的出生很可能引起咪咪极大的挫折感，在这种挫折的心态下，咪咪的吮吸行为就更强烈了。

评估过后，我计划以行为治疗的方法，改变咪咪的吮吸行为。我负责在治疗期间观察咪咪，每天 1 小时观察记录，并以点数换取礼物鼓励咪咪减少吮吸行为。刚开始效果很好，然而渐渐地，咪咪又恢复了原状，就好像咪咪本来很想要的直排滑轮对她忽然不具吸引力了一样。

治疗一时陷入胶着，又恰逢我有事不能亲自观察，于是改变方案，请咪咪的妈妈帮忙观察记录。观察策略也随之调整——5 分钟看一下，如果有吮吸行为就打叉，但是在观察记录时妈妈不做任何纠正行为，也不能有任何言语干涉。

经过一个月的观察记录，戏剧性的变化发生了。咪咪的妈妈说情况竟然大有改善，咪咪已经很少吸吮手指头，而吸吮脚趾头的行为也已经消失不见了。

我完全明白了这件事——咪咪的吸吮行为是在讨爱。全家的焦点都在弟弟身上，妈妈也不再注意她，使咪咪有了讨爱凝滞

点，觉得自己是不值得被爱的人。但是后来我请咪咪的妈妈观察，虽然妈妈不能说话，但是她看到咪咪没有吸吮会露出满意的表情，而这就是妈妈对咪咪讨爱的最佳回应。

这样的状况，绝对不只在小孩身上，即便是当了爸爸妈妈的成人依然有讨爱的行为，有时甚至是父母向孩子讨爱。

爸爸的责怪，也是讨爱

李良和女儿瑞瑞有天为了一件事，闹到不可收拾。瑞瑞是个成绩优异的孩子，她顺利地一路读到了顶尖大学的企业管理研究所。最近，她为了准备硕士论文，要爸爸帮忙带相关的访问资料去公司，请他的同事填写。李良当然很愿意，也觉得挺有面子。

有一天，瑞瑞忽然从学校返家，李良将同事已经填好的问卷数据搁在了办公室里，便跟瑞瑞说他现在就去拿。瑞瑞说不急，等她下次回来再拿。李良却还是兴冲冲地出了门，心里高兴着能帮女儿。

可是李良回来时却怒气冲冲地对女儿说："就为了你跑了一趟公司，没想到还没到公司就发生车祸，这下麻烦了！要赔偿人家，我的车子也要保修，都是你害的！"瑞瑞听了很生气："我又没要你去拿，我说不急，是你自己要去的，怎么可以把账算到我头上。"

李良已经在气头上，一听瑞瑞这种语气，更是火冒三丈，对着瑞瑞骂："天天辛苦还不是为了你，没一天停歇。家里忙，连公司也要为你忙，你不知感谢，还顶撞！"瑞瑞可能也是心情不好，闭着眼睛更用力大叫："不是我叫你去的，不是我害的，不要乱说话。”瑞瑞讲完，忍不住哭了出来。李良大骂:“在我们家就是不准哭，你给我跪下。”

瑞瑞已经受不了了，冲出门跑开了。后来她还是回来了，却不发一语。李良则是千头万绪，越理越乱，不知道自己是怎么了！

这就是爸爸在“讨爱”啊！可是瑞瑞却没听出来，因为她有自己的心事。瑞瑞之所以今天忽然回家，是因为指导教授很严厉地指出论文中大大小小的错误，让她很不好受，她一向追求完美，自认为已经很用心做了，指导教授却可以不费任何力气就随意指责。

这是瑞瑞的讨爱凝滞点所引起的“情绪地雷”——只要有人说她哪里没做好，她就能对自己生气很久。于是，瑞瑞决定回家。没想到爸爸也是完美主义者，急着要让瑞瑞知道自己帮她做得很好。只是，一旦遭遇挫折，他的“讨爱凝滞点”就会导致他不能接受自己犯错，并且一定要马上找出元凶，于是说出了“都是瑞瑞害的”这样的话。

如果瑞瑞知道这是爸爸在讨爱，说一句“爸爸，有你真好，谢谢你急着帮我去拿问卷，不知道车祸的后续有什么我可以帮忙的”，事情就能缓和许多。

后来，还是李良先发短信给瑞瑞的。李良听了老婆的劝，静下心来想，女儿跟自己很像，一定是躲起来后悔了。他心疼女儿，于是决定自己先行动。他打电话向瑞瑞确认问卷的事情，他听出女儿又快哭了。瑞瑞后来发了短信给李良，上面不是贴图，而是两个字——“爱你”。李良在电话的另一头也感动到眼眶泛泪。

瑞瑞后来跟妈妈聊，说接到爸爸打来的电话时她真的快哭

了，因为即使周末吵了架，爸爸却仍然在帮她打理问卷，她知道这是爸爸表达爱的方式。她说自己除了谢谢，好像说不出什么话，最后只能很别扭地在短信里打上“爱你”。妈妈笑说，这一对父女其实都是在讨爱。

看懂了，就能达成的讨爱满足点

以上故事，是当事人不知道彼此其实是在讨爱。下面我举两个不同的例子。第一个例子是，我知道女儿不合理的行为其实是在讨爱，那么我们就容易解决问题，让女儿的讨爱得以满足。

第二个例子是我当时没想到这是讨爱行为，于是让女儿产生了讨爱凝滞点。

处处贴胶带，讨爱满足来

我和先生有一儿一女，他们只相差一岁半。他们都还很小时，我们的日子过得像打仗，因为小孩很难讲道理。当妈妈的都知道，如果我们静静地坐着不忙，孩子也会静静地在身边玩；我们越忙，孩子就越来闹，尤其是煮饭烧菜和打电话时。煮饭时刻，儿子最喜欢在客厅把玩具扔得到处都是，而女儿最喜欢到厨房来缠着我说“哥哥打我”“都没有人爱我”“我的手流血了”。

这时候，我是又烦又急，会告诉她，“不要来烦我，我在煮饭，爸爸等一下就要回来吃饭了”“讲点道理好不好”“哪里流血，乱讲话，去客厅玩”。这时候女儿只会一直哭，辩解她的手流血了，然后一场夹着哭、骂的剧就跟着食物一起上了餐桌。直到我们吃完饭，看我安静下来，女儿会再次来跟我说她的手流血了。尽管她的手真的没有流血，但是只要我认真听她说受伤的经过，她就不哭了。

记得有一天黄昏，女儿又来说她的手在流血。其实我不明白为什么，明明没有流血啊？然后我突然闪过一个念头：我在煮饭烧菜或接听电话时需要专心投入，孩子那时一定感觉“妈妈好像心中没有我”，因此她只好“假装”受伤，来确认我是不是还爱她。

我猜测，一定是在我不知道的某一天，或许我很忙，但是女儿的手真流血了，我十分心疼，立马停下来帮她包扎，使她深刻感觉到我爱她。于是，她学到用这一招来讨爱。想到这里，我当下就看着她的手说：“好可怜喔！妈妈帮你包扎。”我撕下一小块胶带就往她小手上贴，然后她带着满意的笑安心地玩去了。

她来告诉我她受伤了，是一种讨爱的行为；我为她贴上胶带，则是一种爱的回应，女儿因此得到“我在妈妈心中值得被爱”的确认。从此，我的围裙里总放着一卷透气胶带，而女儿的最高纪录是一天中贴满了十八处胶带，到洗澡都还不愿意撕下来，以至于散步时很多人关心她怎么了。我说她是贴满了妈妈的爱。

原来以为女儿是来闹的，不让我好好做事，真折腾人啊！为何没有受伤还一直说流血，为何喜欢贴满丑丑的胶带，为何即使没贴在她说的受伤处也没关系？但是直到了解这些行为背后的“心理需求”，我才明白她其实就是在讨爱。

当小孩常做出一些重复却难以理解的行为时，这个行为的背后往往传达着一个“讨爱”的讯息，等待着我们解读与回应。孩子的讨爱对妈妈来说是很受用的，我们会为在孩子心中的重要地

位而高兴，也会觉得孩子实在很可爱。因此，亲子之间对于这样的讨爱交流都很满意，就有了讨爱满足点。

也有妈妈担心，这样会不会让孩子往后乱贴胶带啊！我认为不会的。我女儿长大了就没有再发生类似的行为，因为我抓到了重点，每次都给她温暖的回应，她就不必再假装受伤来引起我的注意。

只要了解孩子背后的动机是在讨爱，给予他最需要的温暖回应，使他感觉自己是值得被爱的，那么，我们就能很快解决孩子难缠的问题。

玉米罐头引发的讨爱危机

我那个贴满“爱的胶带”的女儿，现在也当妈妈了。有一天，女儿去超市买做烤白菜要用的牛奶、干酪，也顺便买了玉米罐头回来，却被她爸爸念叨了很久。她一边吃着玉米罐头，一边跟我说爸爸念叨她，让她很不高兴。

女儿还小的时候，我先生就不让她吃玉米粒，认为到餐厅吃玉米粒很不划算，而且女儿很容易因为吃玉米而胀气。她爸爸总念叨，认为女儿好像永远都不理解自己是为她好。而女儿一直很不喜欢爸爸什么总要选特价的习惯，不懂为何自己不能喜欢什么就吃什么。她爸爸说，因为养小孩很辛苦，要精打细算，这样做完全都是为了孩子好。

即使到了大学，女儿想学设计，她爸爸也以竞争激烈、花钱多却不安稳为由，否定女儿的选择，说起来还是为她好。女儿心中却因此产生了一个讨爱凝滞点——好似在她身上花钱是不值得的，这让女儿感觉不到被爱。

然而，女儿结婚后也总买特价产品，还要我孙女跟她一样吃素，也说是为孩子好，完全是她爸爸的翻版。当女儿在超市看到三罐玉米粒只要 72 台币，而名厂生产的三罐要 135 台币时，她二话不说就买了便宜的那种。我问女儿为什么以前最反对爸爸的行为，现在自己的做法却如出一辙？女儿也说她不知道为什么，后来想了想，又说因为觉得自己不值得吃那么贵的东西。这句话听起来让我这个做妈妈的很心疼，但这确实是"讨爱凝滞点"的思考逻辑。

当然，她爸爸虽然每次都持相反的意见，但最后都会选择支持孩子，所以还是送女儿学了设计。可见她爸爸并不认为给女儿花钱不值得。但因为当时得不到温暖的回应，女儿便认为在爸爸心中自己不值得被爱，其实这只是她的误解。这样的生命盒子一旦启动，这个感受凝滞不动，就产生了讨爱凝滞点，于是我们就会重复做一样的事。

这是生命在讨爱时微妙的地方：当我知道女儿是讨爱时，就可以给她温暖的回应，给女儿贴上很多胶带；然而关于玉米粒的事，我们没有意识到她在讨爱，于是女儿的行为就会一再重复，好像滞留在一个过不去的地方。赵亿的情况——种菜、啰唆、重复妈妈一直说的"你没有用"的话，也是遇到讨爱凝滞点了。那个生命里一直没有解开的疑问，让他的内在小孩不断作祟。

所以，如果刚巧有了一个讨爱凝滞点也没有关系，觉察到了就解决，去找出温暖的爱，让生命盒子里的"我值得被爱"重新发挥作用。

讨爱的脚本与剧本

讨爱凝滞点不被觉察，我们就只会不停翻开“我不值得被爱”的生命盒子，让内在小孩的故事作为一种生命脚本，在日常生活里不断被复制，衍生出各种生活剧本。

说得简单点，就好像我们是自己生命故事的编剧，依据自己的人生脚本导演一场戏，还亲自上阵，出演主角。我来举一个我个人的例子，说说这种令人好气又好笑的生命现象吧！

关于芭比娃娃的讨爱凝滞点

回想当时，我吸引我先生只在刹那间。经由朋友介绍，他第一次来到我任教的学校见我，我请他吃饭。不知道为什么，听我讲的每一句话、每一件事，他都觉得好笑。我也不知道为什么，说着说着，竟担心他笑岔了气，会断气死掉。他说他从未遇过像我这么潇洒、自信的女孩。

这个评语我常常听到，并不足为奇。而对我来说，能在我面前笑到像要断气的人，他可是第一个。但是接下来他的问题，却是我不曾听过的，他想知道“如果跟你结婚，有什么条件？”我心中暗想，好玩，第一次见面就能提出来这样莫名其妙的问题，那我就来回答一下。

我说：“第一个是希望每天都有水果可以吃；第二个是希望在我掉眼泪难过时，可以安慰我，帮我擦眼泪。”这是两个不经大脑思考、觉得好玩的无厘头条件。我完全没有想到任何现实条件，诸如经济能力等。难怪对方笑得更开心了，猛点头，他一定在想怎样捡便宜也要把这样的女孩娶到手。

他当真问，我却玩心般地回，所以，我们就结婚了。这真是太冲动了，应了那句“被爱冲昏了头”！不过，真正走进婚姻后，遇到实际状况，我才知道这两个条件一点都不是因为好玩乱讲的，而是我从内心深处发出的关于生命的呐喊，这跟我的婚姻蓝图有着极大关联，其中满含家的意义。

记得小时候我非常喜爱洋娃娃。每一年爸爸妈妈会带我们去城里的儿童乐园游玩两次，一次在暑假，一次在寒假。然后，就会去百货公司。我 10 岁那年时，在百货公司我和妹妹们同时看上了一个洋娃娃。那个娃娃很漂亮，眼睛会转动，金色头发，绑了两条辫子，辫子上还有一个粉红色蝴蝶结，穿了一件白色的毛衣，坐在一个非常漂亮的藤椅上。妈妈看我们这么喜欢，就说：“好！买给你们，大家要一起玩喔！”

当时爸爸一个月的薪水才 2000 台币，这已经是我们家的全部收入了，而那个洋娃娃就要 200 台币。我们大家说：“好！”然后暂时让最小的三妹拿着那个娃娃。二妹很聪明，一到客运站等车，指着客运站里挂着的售价 20 台币的娃娃说：“大姐和妹妹玩

那个娃娃，我玩这个就好。”妈妈拧不过她，就买了。

见到二妹能独自拥有一个洋娃娃，我心里有点动摇。坐车回家的路上我闷闷不乐，一下车看到乡下车站旁边有卖10台币的塑料娃娃，脚和手还可以拆下来，也想要一个属于自己的娃娃，就跟妈妈说：“我也不要玩那个娃娃，我要买这个。”妈妈很生气：“你是大姐，怎么这么不懂事？”讲完转头就走了。

我心里很难过，我记得我根本没有去碰那个200台币的娃娃，还想着如果有一天会赚钱了，我要给自己买洋娃娃，而且要买很多很多个。于是结婚后，去给女儿买玩具时，我一定也为自己买个小凯莉娃娃（芭比娃娃的一个系列）。这一点让我先生感到很不能理解：这么大一个人了，书又读得不少，怎么还这么迷恋娃娃？

有一次我们全家去大卖场，看到娃娃正在特价中，我就跟先生说：“七夕快到了，你不用送我玫瑰花，一朵花都涨到快200台币了，这个娃娃特价才199台币，是平常的半价，我要这个。”他说：“怎么可能？神经病！”说完转头就走，我一时忍不住，站在有很多娃娃的架子前大哭起来，完全不顾那里有很多人。先生吓到了，赶紧拿起一个娃娃放进购物车。结果女儿也哭了，不知道是被我的哭吓到了，还是她也想要，反正我先生又拿了一个给我女儿。

当时妈妈不给我买娃娃时我10岁，在大卖场时我36岁，过了26年，那个10岁的受伤的内在小孩，才放声哭出来。可见我10岁时的伤心，被自己压抑下来，并且形成了讨爱凝滞点。

现在我有超过100个小凯莉娃娃，我还会定期给她们买衣服，整理仪容，不过我并不会跟她们对话。我先生总是取笑我在帮她们开 party，他不能理解我的行为，直到现在他还是想不通。但是他觉得，如果这样我就能排解心情，他是愿意买小凯莉给我的。我常常想，我真的那么喜欢小凯莉吗？我的喜欢其实可能更多的是来自先生不能理解却还愿意买给我的那份“我这么值得被爱”的心吧！

“需要安慰”的生命脚本

当然，这种讨爱凝滞点会在我们生活里创造出许多剧本困住我们，让我们在成熟的年岁里，常常出现很幼稚的、连我们自己都不能理解的行为。

后来，这个讨爱凝滞点，就好像一个生命脚本，演变成各类生活剧本，一直出现在我的婚姻生活里。偏偏我先生就是不懂得安慰我，我也不知道自己为了什么，总是死命地跟他过不去，哭得很伤心，要他安慰我。

有一次，忘记为了什么事，我在家里客厅一直哭，换了很多种哭声，先生一如往常，躲开，待在家里某一个角落。我后来一边哭一边说：“我数到十，你再不出来安慰我，我就出去哭。”我开始数，先生没有动静。我数到十，他还没有出来，我于是决定到门外哭。我故意将门开得很大声，在外面哭，他才急急出来，说是他不对，请我进去。

我进来后，他很生气地说我没给他面子，然后又回到看不见我的角落去了。我白忙一场，才知道他是顾面子，并不是真心安

慰我。我不想再做这种无谓的“牺牲色相”的事，所以后来常常哭着离家出走。

我结婚后，头3年过得很辛苦，很不适应。从外在条件来看，我离开了台南——我熟悉的娘家，辞掉在高雄师范大学的工作，到新竹清华大学来当师母。这3年里生了一儿一女，我变成了妈妈——没有了实现自己成就的舞台，有的只是帮孩子把屎把尿，等着先生回来。

我只要遇到不顺遂的事情，就闹脾气，离家出走。离家出走，在心理学上被称为“退化”，形容退到娘家、退回小时候的行为。但是娘家太远，孩子太小，每次事情都发生在很晚的时候，我只有等到孩子睡了才有功夫发脾气，“退化”。毕竟人还活在现实里嘛！

所以我的离家出走都是在附近。其实我几乎都在我家小区的庭院里绕，总共有13次，而我先生没有一次追出来找我，相反，他会回到房间闷着，体力不支就会睡着。

我没有台阶下，又不情愿自己走回家，就一直在小区的外围绕，希望先生发现我不在家出来找我。后来演变成这样的模式：我负气跑出来，等待先生来找我，想着如何收场；过了一小时，脚累了，似乎先生也睡死了，只好去找住附近的云朵，叫她假装有急事这么晚来找我，意外发现我不在，再佯称帮我先生看着小孩，让他出来找我。然后先生只好勉为其难出来，但他坚持不说好听的话，也不道歉。

我曾经一定要他说对不起，结果是他回了家，我却回不了。因为吃过亏，所以只要他出现，我就默默跟他回家。这种戏码我已经演到累了，因为每次都要麻烦云朵。我后来决定不再离家，而是下次要有种一点，把先生逼到离家。当然，先生没那么幼稚，因为这不是他的讨爱凝滞点，而是我的人生脚本。

会传承的生命脚本

再来说说讨爱凝滞点的另一个方面：传承。这就不得不先提提我妈妈。前面我提到自己的两个结婚条件，其实跟我的原生家庭很有关系。我的爸爸其实是个好男人，从小就读四书五经，很有学问，即使已经90岁了，仍然爱看书。在我眼里，爸爸是个斯文有礼的读书人，偏偏我的妈妈却常说她嫁了个大老粗。

我曾十分不解，如今终于明白了：爸爸感情内敛，他很心疼我妈妈，但是一点儿也不懂得安慰她。不懂安慰人的男人就会是个大老粗。我当然不想嫁个大老粗，于是“懂得安慰人”就成了结婚条件。其实，这也是我妈妈的讨爱凝滞点：爸爸的不安慰，让妈妈觉得她是不值得被爱的人。这个内在小孩的情绪，投射到我身上，妈妈不理我的身影，便成了我生命中的背影。于是我也承接了这个“我不值得被爱”的讨爱凝滞点，让它在我的婚姻里继续演出。

至于“每天都要有水果吃”，也来自妈妈带给我的影响。我的爸爸是公务员，妈妈专职照顾家庭，有四个孩子，生活很节俭。每次饭后如果有水果，我妈妈就会说，如此简单的生活里，除了三餐，还能有水果吃，真是一件很“幸福”的事。我当然希望我的婚姻生活是“幸福的”，于是“每天有水果吃”就成了我结婚的重要条件。

那是不是我从此就过上了“有人安慰”的“幸福”生活呢？的确，自从结婚后，我真的每天都有水果吃，即使台风天里不能出门，还是能吃到“水果罐头”。然而，我的先生却没有一次为我擦过眼泪，递过面纸，他跟我的爸爸一样，只会在旁边一语不发。也因为他从来都做不到这些事，所以他总是将每天有水果吃的任务执行得很彻底。

“需要被理会、被安慰，值得被爱”——这个从我妈妈身上继承的讨爱凝滞点，后来也发生在了我跟孩子之间。

“安慰是哥哥责任”的生活剧本

我先生跟我求婚时，曾经慷慨地许下承诺，答应在我难过时会安慰我，并且会递上面纸为我擦眼泪。但是婚后，我的流泪绝大部分是跟先生争执而引起的。我先生认为递上面纸为我擦眼泪，就表示是自己错了，而他没有错，于是他不愿意这样做，因为男人的尊严要维持！

我始终等不到那张面纸与安慰，直到有一天，我又因为与先生争执哭了，发现小小的儿子和女儿就站在旁边看，尽管我从来没有指望儿子来替父亲“还债”，但当时只是想说，大的不安慰，总可以请小的安慰吧？于是我想要他们过来安慰自己的妈妈。

只是让我惊讶的是，儿子一开口就问：“妈妈，什么叫安慰啊？”原来他是不知道什么叫安慰。想到这里我就更伤心了，因为先生不曾安慰过我，难怪他们也不会。我只好自立自强，一边哭着，一边教他如何“安慰”。我请小儿子拿面纸过来，帮哭着的我擦眼泪。第一次儿子做得不好，我要他重复练习。我觉得当妈妈的有责任训练男生学会“安慰”，于是我当着两个小孩的面跟儿子说：“安慰，以后是哥哥要负责的事。”

有一天早上，我准备去演讲。先生可能因为想到要独自带这两个小小孩，心中很无力，于是跟我抱怨，问我为什么不早点起来搞定他们。当时他的语气很差，我便委屈地哭了。

正在用早餐的女儿对着正在马桶上努力“拉臭臭”的儿子说：“哥哥，你快来看，妈妈在哭！”儿子说：“可是我还没有拉完臭臭。”女儿说：“你快点啦！不然就看不到妈妈哭喔！”然后又一边对着我说：“妈妈你要继续哭喔，哥哥一下子就拉完了，他就会过来喔！”

这是什么跟什么啊，妈妈在哭，有那么值得参观吗，还要妈妈继续哭？连闯祸的先生都看不下去了，就对着女儿说：“你怎么可以这样呢，你妈妈会更伤心的。”女儿却天真地回答说：“妈妈说安慰是哥哥的工作，因为哥哥还在拉臭臭，没办法安慰妈妈，所以我要妈妈继续哭，等哥哥一下啊！”

或许是当了妈妈以后，在我心中，自己和先生都排在了孩子后面，于是我终日里为孩子排忧解难，却不大能照顾到自己的情绪。可我偶尔也要有地方宣泄啊！那就只好边哭边“撒野”，将结婚时先生说的承诺搬出来用，却不曾想这样倒使孩子看傻了。我更没料到的是，原来“安慰”也需要人教啊！

教育里有讲到“观摩学习”，就是要有模板供孩子模仿，这跟我们传统文化中的“身教”观念不谋而合。然而，我们忽略了

这个教育里很重要的情节。我想先生应该没有看过他的爸爸“安慰”他的妈妈，所以他不懂如何安慰人。于是乎，这个讨爱凝滞点，就演变成了一个固执的生命脚本，好像会遗传一样，一直重复地在家庭里上演一出出令人不愉快的生活剧。

内在小孩所在的讨爱盒子一辈子都在影响着我们，但是我们可以从“不值得被爱”转换到“值得被爱”。所以，如果我们能多点专注，认出这就是讨爱，就能如荣格所言，让纯真的内在小孩疗愈那受伤的内在小孩。

第 2 章

受伤的讨爱

我们不免在生命里感到困顿，甚至觉得自己生病了，其实这些感受大多是因为我们的内在小孩受伤了，我们在无数个讨爱交流里，没有得到温暖的回应。我的小外孙女小昕昕也有过这样的时刻。

和往常一样，小昕昕到我的书桌边跟我玩，并且跟对面的外公——我先生传递着笔，这是她最喜欢的游戏。我先生心血来潮，说要跟小昕昕握手，可是奇怪的事情发生了，小昕昕竟然立马将手缩起来，假装在哭，像真的在低头认错一样。这倒让我们觉得好笑，于是一试再试，不断跟小昕昕说握手，看她的反应，直到她放心地自己笑开来。事后我们重复看录像，经过了解才知道：原来小昕昕的内在小孩受伤了。小昕昕的爸爸不准她拿笔来玩，因为觉得笔很危险，担心她会不小心伤到自己。有一次小昕昕不听话，她爸爸就假装要打她的小手。打手和握手被小昕昕误以为是同样的行为，所以她吓到了，以为外公也不准她拿笔。这就是所谓的讨爱凝滞点——小昕昕的内在小孩受伤了，而她吓哭的行为，就是因为握手这件事踩到了她的情绪地雷！

受伤的内在小孩

我们的心里住着的一位“内在小孩”，他可能受了很多伤，受伤的经验深深烙印在脑海中，形成创伤记忆。或许有些没有被好好治疗，于是心里有了伤疤，仿佛电影演到某个地方卡住了，不再往前播映。

那些创伤记忆凝结滞留在过往经历的某个时刻、某个场景、某个伤害里，演变成了我们的“讨爱凝滞点”，启动那“不值得被爱”的生命盒子，于是在心里的小剧场里形成了一个令人难堪的生命脚本。

我们用这样的脚本，编写我们的生活剧本，却每每在生活中发现角落里内在小孩的伤口在隐隐作痛。我们花很多时间，无来由地与亲近的人相爱又互伤，直到有一天发现原来是住在心里的“内在小孩”在搞怪。

有些人对这个小孩束手无策，任由他继续搞怪；有些人只能先将他摆在一边，因为自己很忙。还有些人会想办法找人、找方法，想治好内在小孩的伤疤。我们不妨从“内在母亲”的观点出发，看看这些不同的做法会产生怎样的差异和影响。

受伤的内在小孩，有个坏的“内在母亲”

我们从荣格“在里面的小孩”的论点来看，每个人人格里的儿童原型，一方面在现实世界是非常无助的，一方面又拥有不受现实拘束的纯洁力量，后者是治愈我们内在创伤的引领者。那么如何让生命朝向单纯的赤子之心呢？荣格认为，关键在每个人人格里的“母亲原型”，当然这也是一种隐喻。

如同“内在小孩”的概念不是专指童年，“内在母亲”也不专指妈妈，而是一切与婴儿接触、照护婴儿的“重要他人”，例如父亲、爷爷、奶奶、保姆等。

如果内在小孩能有一个温暖安全的内在母亲，生命里的讨爱就能得到温暖的回应，从而发展儿童纯真、正向的经验。

其实在人格成长过程中，个体与母亲及其他照护者互动联结，会产生安全依恋，但也有可能受到内在伤害。原型母亲和原型小孩之间内在的情感互动，就跟现实情境里的爱恨情仇一样，也会出现不同的角色，如抚慰型、批判型、严厉型的母亲等。我简单地把她们分成“好妈妈”与“坏妈妈”两类。

“好妈妈”原型

霞露的妈妈一直很宠她，甚至娇惯出她的“任性”。霞露的妈妈会同意她所有的看法，当初她的初恋男友太听父母的话，妈妈认为以霞露的个性，这样会吃亏，就支持霞露解除婚约。霞露有个弟弟，妈妈给予姐弟俩的支持都是一样的，所以霞露从小什么事都会跟妈妈说。于是，当霞露决定要和平分手时，她也是跟妈妈商量的。

霞露跟妈妈之间的情感联结正是一种安全、信任的关系，在霞露眼中，妈妈是个“好妈妈”，我们称这样的情感状态是“讨爱满足”。

“坏妈妈”原型

反观湘逢，很少跟母亲联络，更不可能跟她谈心，因为母亲对她非常严厉。湘逢提到自从她先生有外遇后，他就拿没有教好孩子来苛责她，让她很痛苦。她先生说是朋友听他诉苦后，要他建议湘逢不要这么严厉对待孩子，不过才刚上小学，写错作业，湘逢竟在孩子面前撕毁作业本。湘逢猜测她先生提到的朋友就是外遇对象，于是更恨，说自己只能照顾孩子，却无法拥抱孩子。

一个妈妈无法爱自己的小孩，无法拥抱他，这真的是很严重的事。经过探讨，湘逢的状况其实是因为母亲的苛责导致自己的内在小孩受了伤。湘逢的母亲是小学老师，父亲因为生意常常出差。母亲不想被父亲指责不会教小孩，所以对小孩特别严厉。

有一次隔壁小朋友来她家玩，将她母亲的皮包收进自己的玩具里。晚上母亲找不到皮包，认为是湘逢拿的，于是打她，说自己不仅养了小偷，还养了说谎的人。她被打到只好承认，但是却说不出钱包放在哪里。

隔天早上，母亲去学校，要老师在大家面前说这件事，并且帮忙找出钱包来。但是当天回家，母亲在门口等她，说是隔壁小孩又来玩，拿出了皮包，于是真相大白。母亲问湘逢为何不说不是她拿的，然后抱着湘逢痛哭。

湘逢与母亲的情感联结是一种不安全、不信任的关系，在湘逢眼中，母亲是“坏妈妈”，我们称这样的情感是“讨爱凝滞”。

这种不安全的联结成了湘逢的生命脚本之一，在她往后的亲密关系里一再重演。母亲不仅将这样的“坏妈妈”原型投射到与湘逢的相处上，还会放大任何可能“苛责”湘逢的话语，因此受伤的内在小孩成了湘逢无力承担的生命重担。

当我说了“内在小孩”与“生命脚本”以后，湘逢说没听过这个概念，但她确实很怕犯错，总是担心会被苛责，在公司也是这样。同事不明白，一点小错或是上司的一个小责备，为何湘逢要这么在意，情绪反应这么大。这其实是因为在湘逢心里有一个“坏妈妈”的原型。

湘逢在她先生说的话当中，总是找到“苛责”来再次伤害自己，她与我交谈时也会认为我在苛责她。湘逢提到她很不想跟母亲联络，能躲就躲，母亲跟姐姐已经闹到 3 年不说话了。我对她说，这个生命脚本是要自己面对、自己疗愈的。

湘逢说母亲的错是无心的，她可以原谅，但是她的先生却是有意为之，她无法原谅。其实湘逢也并没有对母亲释怀，不然不会不想跟母亲联络，也不会“拉姐姐来垫背”。她只是产生了一种想让自己好过的机制——推说是母亲太严厉，不光自己反应过度，就连姐姐也一样不能承受！

另外，湘逢陷在恨她先生的情绪里，是因为她放大了那个“苛责”，而她心中的内在小孩真正渴望的还是母亲的认同。她转而苛责先生，是想让自己好过，只是，不面对自己内在的真实，会让自己陷在痛苦里！

放大的讨爱凝滞点，停留在一个静立不动的时空中，会让人看不到任何关怀与爱，无法从过往中走出来，却一直因为那份难堪隐隐作痛！

受伤的生命脚本，累积难过情绪

大家都说“先生女儿再生儿子”好，因为女儿体贴，会帮忙照顾弟弟妹妹。月名家完全印证了这个说法。月名有一女一儿，女儿贝贝5岁，弟弟宝宝2岁。贝贝真的是一位了不起的小姐姐，有一次很多小孩子一起玩，宝宝跌倒了，贝贝马上跟着妈妈过去，对着妈妈扶起的宝宝说：“弟弟乖，姐姐帮你呼呼。”于是，贝贝对着宝宝脚上的伤处吹气。

月名每次放动画片，等到设置好时，就会让孩子们按播放键，贝贝也很想按，但她都会忍住，让弟弟按。月名从不吝啬当众夸赞贝贝，大人们也都点头称赞贝贝，希望自己也能有这样的女儿。

但是在刚上小学不久的一天，贝贝却足足哭了半小时停不下来。月名说不知道她是发什么疯，以前都很乖，很照顾弟弟，现在却因为弟弟只是打开她的糖果盒盖，她就这样哭个不停。自从那一次以后，一再发生贝贝足足哭半小时还停不下来的事，让月名不胜其烦。

其实，贝贝不是真的能忍住不按放映键，也不是那么小就知道要怎么爱弟弟。她是在跟妈妈讨爱——妈妈当众夸赞贝贝能忍住不按，贝贝知道妈妈很喜欢她这么做，这让她感到在妈妈心中

她是如此值得被爱，当然就会一直这么做。这是她慢慢探讨、归纳出的最有用的讨爱方式之一。糖果是妈妈爱她而给她的礼物，所以她对于弟弟打开她的糖果盒盖的事很介意。当她表现了她的不高兴，却被妈妈数落时，她一下觉得在妈妈心中她成了不值得被爱的人，就形成了讨爱凝滞点。

我们发现，月名将贝贝忍住不按播放键的行为解读为爱护弟弟，但是贝贝却是因为向妈妈讨爱，才表现出妈妈喜爱的行为。就贝贝的角度来看，妈妈从喜欢她变成讨厌她，完全是弟弟造成的，她当然很难过。于是，对于弟弟的许多行为，她就更加不喜欢，于是便产生了情绪，哭得停不下来。

而从妈妈的角度看，贝贝原来那么疼爱弟弟，现在却变得不疼爱弟弟，还一直哭个不停，实在令人心烦。这是因为月名不理解生命的讨爱现象，不知道贝贝的讨爱凝滞点，当她不停地数落贝贝时，反而让她的情结不断重演，就像滚雪球一般，越滚越大。

原型母亲和原型小孩之间的内在情感互动，存在于我们每个人内在的小剧场中，其中上演的戏码，其实就是现实的缩影，是个人与自己关系的素描。重要的不是现在或过去发生了什么事，而是当事件发生后，个人与自己的关系是否改变：对个人产生了怎样的意义，是否能在每个人的内在剧场里，演出让个人更具有正向能量的生活剧情，善意地看待自己，然后自在地在外部现实中做自己。

我们可以先静下来检视自己的生命盒子，一旦发现自己一直觉得自己不值得被爱，那么一定有个“讨爱凝滞点”正在发挥作用。

心理学家的研究与探索，都发现这种讨爱关系会影响人的整个生命历程，成为将来个体与人相处的基本情感模式，甚至会投射在将来的亲密关系里。就像湘逢的故事一样，在讨爱中的受挫变成了生命个体的生命脚本之一，也就是一个没有被跨越的“讨爱凝滞点”。

透过专属于我们自己的往日故事，理解生命里的讨爱凝滞点构成了怎样的生命脚本，将会帮助我们更加认识自己，明白自己的生命力量，并将爱找出来。

讨爱凝滞的症状：无情循环

研究认为，生命最初的讨爱回应非常重要，这是生命历程里的关键阶段，如果人们没有得到回应，会持续一生都感觉自己不值得被爱。

例如，那些小时候不讨人喜欢、被忽视、被虐待的人，他们当父母后，也会成为不敏感的照顾者，对婴儿的讨爱通常没有热情的回应。但是，他们并不是一开始就这样。刚开始他们会有极佳的心意，例如发誓永远不将自己的遭遇拿来对待自己的子女。意想不到的是，生命里缺爱造成的不安，使他们期待婴儿马上喜欢他们，他们会因没有得到即刻回应而受挫，而这又反过来影响了婴儿的讨爱行为。

又例如，当婴儿哭泣、烦躁时，这些不安的大人就会觉得他们又被拒绝了，于是可能藏起自己的情感，忽略甚至虐待孩子，这就成了一种无情的重复与循环。

“我不喜欢妈妈对爸爸嘶吼咆哮的样子，但是当我结婚后，却发现自己对着先生嘶吼咆哮。”“我想摆脱父亲不停批评责怪的样子，但是现在我却发现在对待孩子时我身上有父亲的影子！”

为何生在家暴环境的人，会再遇到同样的家庭，是命运吗？如果是，那为何会如此宿命般地循环呢？

这种感觉自己不值得被爱的讨爱凝滞点，就这样在生命里停留，甚至像雪球一样越滚越大，让人陷在痛苦当中。

让我们一起看看下面的故事，以揭开命运无情重复的真相，找出讨爱凝滞的症结所在。

为什么我要一直说着、听着那讨厌的话？

香瑜跟她先生的相处令她很痛苦。先生在还是香瑜男友时，就习惯性地爱批评香瑜，常常故意曲解她的话，并咬牙切齿地说："是啦！你了不起，就你最理智，我都不理智啦！"每次发生这样的状况，香瑜就会整个人委屈到不想说话，也说不出话来。

香瑜会选择结婚是因为只要没事，先生都是很好的。只是结婚后，两家有了更多往来，香瑜发现先生的家人也都这样敏感，香瑜常常因此得罪婆婆。香瑜的先生自己也会跟他妈妈有冲突，而婆婆最常挂在嘴上的话就是："是啦！你了不起，你书读得最多啦！我都没读书！"香瑜发现，先生说的话和语气原来跟婆婆一模一样。

我曾经跟香瑜讨论过，当她想表达什么时，为了避免得罪人家，或许可以用写的方式。后来，她发现根本做不到，因为她妈妈也是写给她爸爸，但是爸爸从来都是不看就直接丢到垃圾桶，所以，香瑜认为用写的方式也根本没有用。这就是一种"习得的无助"。

爸爸将字条丢进垃圾桶时，动作很大，嘴巴紧抿，这在香瑜看来是很不理智的行为。所以，“可以理智一点吗？”——变成了一句放在她心上、对爸爸没有说出口的“评论”。

这样的评论其实意味着"不值得被爱"，因此让她的心里产生了"讨爱凝滞点"。后来，这句话不仅出现在香瑜的婚姻中，被投射到她对先生的评论上，甚至扩展到生活里的很多地方。

香瑜的状况，是因为她和先生都有各自的讨爱凝滞点。讨爱受挫的童年经历，导致两人在婚后的日常互动中产生了碰撞，却没能重新把爱找出来，达成理解，所以产生了这样的困惑：为什么我会一直说着、听着那讨厌的话？

一直重演着生命里的最痛

谊安和台丽很相爱，他们都是第一次谈恋爱。谊安很会烹饪，常常做好美食送去给台丽吃。因为台丽常常下班很晚，吃饭很不规律，谊安的举动使台丽觉得很幸福，台丽总是期待着“今天能吃到什么菜？”

但是他们之间也存在着很难解决的问题。谊安大学没有毕业，服完兵役后一直待业，他想要当厨师；而台丽的爸妈有很高的社会地位，台丽本人拥有硕士学位。台丽说，不用问也知道她的父母会反对他们在一起，因此他们很小心地不去想现实的问题。

有一天，谊安忽然提出分手，说他很痛苦，因为台丽太依赖他，又常常因为担心怀孕，总是拒绝他，这让他很受伤。谊安要分手的行为很决绝，还直接发短信让台丽不要靠近他，他害怕有一天会被台丽抛弃。这件事不仅使台丽伤心痛苦，谊安的忽然分手与消失，更是让她想不明白。

经过心理咨询，台丽明白了谊安的讨爱凝滞点。谊安的妈妈在读大学三年级时，发现自己意外怀孕。谊安的爸爸这边，包括爷爷奶奶都希望他妈妈能生下孩子，并且保证他妈妈生完小孩后能继续完成学业。

但是，生完小孩后，谊安爸爸这边却食言了，奶奶尤其担心儿媳学历比儿子高，会很难管。谊安妈妈几经争取皆不可得，于是离婚，离开谊安家，谊安就再也没有见过妈妈。

他当时很小，对妈妈没有记忆，但是知道妈妈完成了学业，有很好的工作，并且已经结婚，还有了两个孩子。

谊安很想见妈妈，所以寒暑假都想办法到外婆家住几天，希望有一天能见到妈妈。一直到初三的一个暑假，谊安终于等到机会，第一次见着了妈妈。他原本以为妈妈跟他一样会很高兴，没想到妈妈说她现在生活得很好，不希望再看到谊安，请谊安不要来打扰。

本来，谊安常常想象，妈妈离开家不要他，可能是他是不值得被爱的。但是他偶尔还是抱着希望，猜想妈妈可能只是担心打扰他，其实妈妈也会想他。

这一次的见面彻底摧毁了谊安，他彻底相信了自己是个不值得被爱的人。他的讨爱凝滞点沉重到他快要不能承受。

他跟女友在一起，给女友最好的照顾，让女友不能没有他，但是心里却很焦虑不安，担心有一天女友跟妈妈一样，即使爱他，也会抛弃他。于是他跟女友提出分手，因为他想逃避，想将

这样的自己藏起来。他还像妈妈一样，说了很决绝的话，不准台丽靠近他。他被妈妈决绝的态度伤到，自己却也如此对待女友，这正是讨爱凝滞点会出现的状况。

其实这也是一种讨爱行为。因为妈妈的对待，谊安在自己讨爱的生命盒子里，牢牢贴上了一张“我不值得被爱”的标签。所以，他只能努力讨好台丽，煮好吃的东西，殷勤地送到台丽住处，直到台丽喜欢上他。

然后他想测试自己到底是不是值得被爱，就以提出分手的方式看看台丽的反应——台丽如果很伤心，想要挽留，那就证明自己在她心里是重要的，值得被爱的。

谊安隐藏自己真正的动机，却以分手为测试手段，用妈妈深深伤害过他的决绝话语来伤害台丽，其实只是想知道台丽是否觉得谊安值得被爱。这样绕弯的做法让台丽陷在莫名其妙中，台丽很痛苦，谊安自己也痛苦。

所以，讨爱凝滞点就像是生命中深埋的一颗未被引爆的炸弹，会让人感到焦虑、想逃避，却由于不明所以而束手无策，让自己陷入痛苦的无限循环中。因为从内心深处看轻自己，认为自己并没有足够的吸引力让别人爱，于是用爱别人来满足自己空虚的情感，表面上看起来很满足，但是一旦引爆，就像地雷一样伤人伤己。

危险的情绪地雷

先来说说暴力。我认为暴力应该分成身体暴力、语言暴力和表情暴力。对于哪一种暴力最可怕，可能人们各有各的经验，各有各的想象。而有苦说不出来的，多数是遇到了表情暴力，这种暴力无法验伤，又难以向人描述。如果有人对你使用表情暴力，你会很想揍人。

我遇到被家暴的妇女，常问她们两个问题。第一个问题是："以前你们相爱时，你先生一定没有打你。你们会结婚，也说明他很爱惜你，那他后来会打你，是什么改变了？你跟以前有什么不一样了？"

我会这样问是因为很多女性求助人遇到被家暴时，不论你问她什么问题，她只会一直叙述她先生跟以前不一样，变暴力了，而不会反思自己是否也有改变。

第二个问题是："你先生是否见人就打，如果是，那他一定是生病了；如果不是，那他为何只打你？"

"这两个问题的答案有没有可能是，因为你没有给他好脸色看，或者你的回应在他看来有负面意义，让他觉得你看不起他。

当然不是你真的看不起他，而是他心里原本就有这个意象。而当你被打或者被冤枉时，你的表情不会太好。有很大的可能，你学习了你父母的应对态度，并且对于‘暴力相向’非常敏感，基于防卫，你很快会出现相同的表情暴力。”我通常会帮助当事人这样分析。

这表情暴力的背后，也是在指称对方“不值得被爱”，于是对方就有了讨爱凝滞点；当累积点数达到一定的值，就引动了对方深埋心中的情绪地雷，爆发出暴力行为。

我继续说：“在对方来看，他会认定他的身体暴力也是出于防卫，或者因为你的招惹。与你使用表情暴力的区别只是：事后生理上的伤害会很容易被看见。”

可见，造成家暴不断循环的是情势，而不是宿命。正是因为我们为自己贴上了不值得被爱的标签，产生了生命里沉重的讨爱凝滞点，把负面情绪藏在心灵深处，才会使它一直重复循环，直到某一天，相似的场景、话语出现时被引爆，就像地雷一样伤人伤己。

为何要叫“情绪地雷”？我们知道，当地雷被埋在地下时，形状完好，不会伤人。时日久了，我们甚至会忘记曾经埋下过一颗地雷。深埋心底的情绪就像地雷一般，不易察觉，但某天被谁无心踩到，就会瞬间引爆。而踩爆的人，很可能并不是当初让内在小孩受伤的那个人。

总是莫名爆开的情绪

老师嫌弃是爸爸埋下的情绪地雷

我曾经遇到一位研究生小黎，他担任过我的教学助理。有一天，我正赶着做一个教学PPT，他却一直画不出我的某个系统图，于是我很生气地抢过计算机自己来，叫他在身边看。后来我发现，小黎跟我说话时都没有表情，有时还有点害怕，我便约他谈心。我因此才知道，要见我的前一天，他总是很焦虑，只要跟我约谈完，他妈妈的电话就会马上到，给他情感支持。

在谈话中他提到，他上幼儿园5岁时，爸爸忽然不再回家了。妈妈担心爸爸会到幼儿园把这唯一的儿子接走，于是千叮咛万嘱咐，叫他千万别跟爸爸走了，还说爸爸那边的阿姨不会对他好。说着，小黎的泪水在眼眶里打转。

我问他，那你爸爸来找你了吗？——我以为他爸爸会来了又走，跟他说有不得已的苦衷，小黎是因此而受伤。最后我才知道，原来小黎的爸爸一次也没有来过，直到他都已经念研究生了。所以他觉得自己是不值得被爱的小孩。“我不好看，不会说话，也不聪明。”小黎这样跟我说。

而我那天嫌弃小黎画不出我的系统图，真是伤到他了，连同伤到他心灵深处那个内在小孩，以及那个讨爱凝滞点带来的情绪地雷。在小黎心里，他爸爸就是嫌弃他，觉得他不值得被爱，而我像他爸爸一样嫌弃他，这引爆了他心里深埋的情绪地雷。

小黎的地雷是往内攻击自己，也就是在你不在场时会踩爆它。

然而，有一种情绪地雷却是往外四射，会伤及别人甚至无辜者。

“你不要再争辩了”是妈妈埋下的情绪地雷

我的个案中，有一位热心肠的学生小琪，她也是咨询中心的义工。有一天她出重手打了学姐一个巴掌，学姐脸上现出清楚的五指印，但她也不清楚自己为何如此冲动。

直到第三次晤谈，她谈到她有两个家，旧家和新家距离 200 米，她的爸爸和妈妈分开居住。她喜欢在旧家跟爸爸住，不喜欢跟妈妈住，因为妈妈总是会说“你不要再争辩了”。

那天小琪跟学姐有意见争执时，学姐脱口说了一句“你不要再争辩了”，不料踩到了小琪的情绪地雷，让小琪那平日被妈妈责骂、早已深埋心中的讨爱凝滞点，那些不敢违抗妈妈而累积的怨气，在学姐说出那句话的当下，一股脑儿全发泄了出来！

心理咨询师在进行咨询时都知道，咨询对象总会无止境地说是别人的错造成了他今天的痛苦。一定要到有一天，他开始发现问题可能出在自己身上时，改变的契机才会出现。

在小琪的案例中，她从小想跟妈妈讨爱，得到的却总是妈妈的一句“你不要再争辩了”，对她来说，这就是妈妈不爱她的信号，于是她为自己在讨爱的生命盒子里，贴上了一个“我不值得被爱”的标签。这样的认知令小琪痛苦，她想辩解，但是放在心上不敢表达出来，于是当时机来临，就投射到学姐身上，情绪地雷爆开了，学姐成了无辜的受害人。

无差别杀人是同学告状埋下的情绪地雷

几年前，台湾地区发生过一起无差别凶杀案，凶手郑捷在地铁上随机杀人，大家都认为他残暴而不可理喻。事发后，大家都想知道他到底来自怎样的家庭，有过怎样的童年，有些什么样的朋友。

实际上，他有个和睦的家庭，也没有前科。只是在留下的少数信件中，他说自己是个孤单的人，不相信有人会来关怀像他这样的一个人。他提起的一个杀人念头，起因于小学时有两位女同学向老师打小报告，让老师不喜欢他。虽然他不记得这两位女同学，但是却记得自己那时的心理——想杀掉破坏他在老师心目中好感的人，最后演变成“只是想杀人”。

他认为，老师可能本来对他有好的印象，但是被这两位女同学破坏了，他在老师心中变成了不值得被爱的人。这形成了他的讨爱凝滞点，他不接受这样的自己，并把原因怪罪到别人的破坏上，潜意识里深埋下了一颗情绪地雷。

到这里，我们就能恍然大悟：最后变得残暴的人，往往一点也不爱自己，觉得自己是不值得爱的人，但又因为不能面对，就总是怪罪别人造成了这个结果。而这可悲又可怕的情绪地雷，不知道被什么触动、爆开，会伤到无辜的人，当然被伤得最重的还是心爱的家人与自己。

这不就是地雷的特性吗？埋下地雷的人，跟引爆的人不一定是同一个，但是地雷被引爆后威力强大，往往伤及无辜，而自己正是受伤最深的那个。

在我们讨爱的过程中，如果不小心有了讨爱凝滞点，千万别忽略它的存在，因为它会随着岁月与经历的累积，变成讨好、勒索、绑架，不知道哪一天会被引爆。

起先我们可能觉得讨爱不成功没关系，想着反正自己也不值得被爱，但是，每个人都有自己的生存意识，我们会越陷越深，心里反复纠结着，不甘心自己不被爱，于是开始讨爱勒索，一不小心就走向毁灭。

暴力讨爱的悲哀

某天，我的研究室外来了一位粉丝。他在台北诚品夜讲堂听了我的《心书》发布会后，在网上跟我联系，说要请我在书上签名。这一天，他敲了我研究室的门，礼貌地请我签名后，说想与我聊聊。

他说，他的父亲有暴力倾向，他妈妈和他们三兄弟都被家暴过，警察与社会福利机构介入后，父亲便消失了。后来他妈妈改嫁，无奈继父继续家暴，最小的弟弟在他面前被继父打成残废。社会福利机构来探望过，但没有提供任何帮助。

这个强壮的年轻人，已工作数年，享有经理头衔，此时眼里却噙着泪水，他很希望我能帮他。我告诉他："你很有勇气，应该治愈自己，不然极有可能将来也会成为施暴者。"但是，这需要长期的咨询，不是一次便能解决问题，于是我给他提供了一些相关的机构。

当时，我告诉他我要上课了，他礼貌地询问我：可以握手吗？我走过去并伸出我的手。他拉住后，忽然狠狠地打了我的肚子。太痛了！我被吓到了，赶快打开研究室的门，让我的同事看见。他阻止我同事靠近，说他忍不住就是想打人。我忍痛问他："我能怎样帮你，报警好吗？让法治机关强制你治疗好吗？"他说好，但又说会很尴尬，就拿着背包急急走开。

我和同事都被这恐怖的一幕吓到了。我才刚预言他会成为施暴者，言犹在耳，暴力就当场发生了。我很可能踩到了他的"情绪地雷"，因为他说即使他弟弟被打成残废，政府也未能伸出援手。这个行为背后的心理正是：他觉得"自己是不值得被爱"的人，谁都不爱他，于是连他自己也不爱自己。

不爱自己，当然无法使出爱的力量，只能束手无策，或者向别人讨爱勒索了，他因此也会怪罪社会福利机构。而我婉拒对他的咨询，在他心里也是不伸出援手，跟那些机构的不作为是一样的。这引爆了他心中的情绪地雷，以致于最后他用了暴力——生命里最不堪的方式回应。

他对爱的感受不再得到满足，却仿佛被时空冻结一般，滞留在一个因暴力而恐惧的节点上，不再前进了。他心里没有料到我会拒绝，因为对他来说我是有爱心的《心书》作者，我一定不会拒绝！我的婉拒，让我在他心中马上从好人变成了可恶的坏人。而我本来很愿意坐下来倾听，但也因为无形中被他讨爱勒索了，导致他也在我心中变成了可悲的坏人。

在"讨爱"过程中，只有得到回应，对方愿意出手相助，才是爱的证明；所有的婉拒与推托都可能引爆情绪地雷，让个体觉得自己不值得被爱。充满敌意、无端伤人，只是为了抗议和逃避

这份别人无从体会的痛苦。

其实，这一切的根源都是：他一点都不爱自己，生命盒子里的“我不值得被爱”在发生作用，因此找不到出口。来自家庭的伤害，深到他无从整理，这让一直关怀家庭教育的我深感痛心。

我不忍苛责任何人，我相信每个暴力的背后，都有一个不堪的故事。我愿这本书能指引大家走出悲剧，享受人生应有的家庭之爱。

讨爱勒索

所谓讨爱勒索，就是有了讨爱凝滞点，却又因想得到爱而感到焦虑和想逃避，于是隐藏了连自己都不曾觉察到的那个“不值得被爱”的自己。并且，面对没有胜算的感情，又隐隐害怕自己尽力也改变不了，于是想尽各种方法，不惜威胁利诱，企图让别人改变对自己的看法。

然而，这样的讨爱勒索困住了自己，也为难了别人。

下面我们通过两个案例，了解讨爱勒索的后果：不仅不能满足自己的期待，反而令自己和周遭都陷入痛苦之中。

一再重现的争辩：“牙齿是妈妈的责任”

宇忆和馨欣在同一个公司上班，职位相同，际遇却很不同。他们的主管很爱骂人，而且当众责备下属。宇忆明白主管是喜欢表现自己能力的人，因此主管若对他如此，他总是认真听完，想知道主管的苦恼是什么，然后语气和缓地回应。但是馨欣遇到相同的事情时，每次还没等主管说完，她就低下头哭着说对不起，

于是主管便骂得更凶。

馨欣不明白为何会这样。宇忆告诉她，她这样会让主管觉得自己是不讲理的人，因此很没面子，继续骂是为了大声辩解，让大家都听到是馨欣不对，而不是他欺负馨欣。

而馨欣这一行为则表现了她“不值得被爱”的心理，所以她一直说对不起。她的眼泪，让主管觉得自己在别人眼中是个欺负人的坏人，于是他也产生了讨爱凝滞点，为了自我辩解，于是失控大骂。

我常常说人生里总有吵不完的架。如果你观察过精神异常者，就会发现他们常常对着空气讲话，听起来就像在吵架。我后来觉得，这是他们在心里跟生命里的某个人争执，不停地辩解，好像在吵一个吵不完的架。这就是讨爱凝滞点，仿佛有一个通不过的地方，让他一直停在某处，亲手埋下一颗未引爆的地雷。

我们可以从馨欣的婚姻里看到，这个“讨爱凝滞点”来自她先生被自己的妈妈讨爱勒索而引发的一连串状况。

向荣跟馨欣结婚 10 年了，有两个孩子。向荣是个顾家的人，爱太太、疼小孩，也是个温和的人，极少发脾气，但是有些唠叨，让馨欣有时受不了。最让馨欣难以忍受的唠叨是关于孩子牙齿的问题。

向荣的前排牙齿在初中时就已经全掉了，大学时代装了六颗假牙，他不想让孩子跟他一样，所以非常注重保护小孩的牙齿。从孩子出生开始，他就不停叮嘱馨欣一定要帮孩子做好牙齿清洁。当孩子到了长蛀牙、换牙的年纪，只要有状况，向荣一定会说，“牙齿是妈妈的责任”，就连在牙医面前也要说好几遍。

刚开始，馨欣会低头认错，次数多了她也生气，起先会反问:“爸爸就没有责任吗？蛀牙、掉牙是一个自然过程啊！”但是都没有用，“牙齿是妈妈的责任”这句话还是不停从向荣的嘴巴里说出，最后变成一种对馨欣的折磨。馨欣因为无法让这句话不再出现而感到受挫，家庭气氛也因此变得很糟。

在馨欣看来，这句话是在说她没有尽到好妈妈的责任，于是她有了讨爱凝滞点，觉得自己不值得被先生爱，甚至不值得被孩子爱。

直到有一天，馨欣忽然理解了这句话里的“妈妈”，其实是指婆婆，就是她先生的妈妈。婆婆为了给惹祸的小叔一笔钱，要馨欣的先生拿钱出来，她先生以笑而不答为回应。婆婆便说:“你初中时牙齿就不好了，当时家里穷，没钱医治。一直到你读大学，家里虽然还是很没钱，但也想尽办法挪钱出来让你装假牙，那可是一大笔钱啊！我愿意花这么一大笔钱给你治牙，你现在却不知感恩。”这次，先生忽然很小声，仿佛自言自语般说了句“牙齿是妈妈的责任”。

馨欣心头一震，忽然完全理解也谅解了向荣。以往婆婆跟先生要钱，经常提起治牙的事，先生也都默默给了。但是这次，由于这一大笔钱是给不知长进、常常惹祸的弟弟，先生不愿意帮忙，才会说出这句话。

一直以来，向荣承接着妈妈对他的勒索讨爱。他在心里跟他妈妈争执，内心不停地辩解：如果不是妈妈不负起责任，没有提醒他清洁牙齿，他也就不需要装假牙。这是向荣心里过不去的讨爱凝滞点，也是他深埋在心里的情绪地雷。

如果继续深究，向荣妈妈的这个说法其实是在讨人情，暗示他为妈妈带来麻烦，让妈妈支付超出能力范围的钱，而这会让向荣觉得自己是不值得被爱的人。

当妈妈提到要给弟弟钱时，向荣更觉得自己在妈妈心里是不值得被爱的，那位不知长进的弟弟才是值得被爱的。这触爆了长久以来向荣心中的情绪地雷，并投射到了馨欣身上，让她白白受罪。

后来馨欣将这个体悟跟向荣分享，并且支持向荣不帮弟弟的决定，不仅让他不觉得愧疚，还感到自己在馨欣的心中是值得被爱的。之后，向荣渐渐不再说“牙齿是妈妈的责任”这句话了。

无效的讨爱勒索：伤害自己，换不回爱

哲毅是个聪明的孩子，他还有个弟弟，一家人还算和睦。不过哲毅爸爸脾气不好，一有不顺心的事，便大声责骂他妈妈。有一次很晚了，他还将哲毅妈妈赶出家门，哲毅也跟着跑出去陪妈妈。

哲毅念大学时，妈妈有了外遇，会几天不回家，哲毅不小心还看到过妈妈和那位男士亲密的合照。他不能接受妈妈要离开这件事，用哭，用求，甚至用不吃饭或让自己生病的方法想让妈妈留下来，但是都只能得到妈妈短暂的关心。

有一次，哲毅索性拿起刀子割了手臂，画了长长一条痕，血流如注，全家都吓到了，而妈妈也好一阵子晚上在家睡觉。但是妈妈后来还是会不回家，甚至提出了离婚。于是哲毅就不停地自

残，手臂上已经有好多道长长的疤痕。

就这样，他妈妈忍耐了一阵子，再次提起离婚时，哲毅留下遗书离家出走了。他打电话给弟弟，要弟弟跟妈妈说，如果她还跟那个人，他就死在外面不回去了。哲毅不想听妈妈的解释，只是用伤害自己来威胁妈妈，因为他相信妈妈爱他就会照他说的做。

后来哲毅被找到时，是昏倒被送进医院的，神经绷紧的爸妈好长一段时间不敢再提离婚。但哲毅并不快乐，天天生活在痛苦中。他不懂妈妈为何要离开他们，想到每次自己在外面陪着被赶出去的妈妈，依偎在妈妈怀里温暖的情景，他就无来由地泪流满面，他甚至要靠药物才能控制自己的忧郁。

几次自残过后，哲毅的讨爱勒索不仅没有得到妈妈爱的回应，反而使妈妈离他更远，不怎么敢跟他说话，也尽量不提起任何事情。最终，爸爸和妈妈还是离婚了。

我们想想，哲毅跟妈妈的讨爱其实都得到了回应，因为妈妈爱他，也知道自己在哲毅心中是值得被爱的。但是妈妈跟爸爸的讨爱却受到了伤害，有了“自己不值得被爱”的讨爱凝滞点。然而，哲毅却将妈妈对爸爸的讨爱凝滞点放在自己身上，将妈妈离开爸爸当成妈妈要离开自己。

由于哲毅接收不到跟妈妈讨爱的回应，就产生了讨爱凝滞点，决心不择手段也要破坏爸妈离婚这件事，以此挽留妈妈。他选择用激烈的手段伤害自己，想要妈妈来救自己，以证实自己在妈妈心中是值得被爱的。

妈妈本来就带着沉痛的伤，想逃避爸爸，哲毅做出的自残行为却是通过强制手段让妈妈不要离开。对妈妈来说，不离婚等于

不能离开爸爸，这反而让妈妈感到害怕。

哲毅很看重妈妈，义无反顾地陪伴她，他也非常需要妈妈的爱，可是为何却感觉妈妈离他更远呢？因为哲毅的讨爱是用自己的受伤强制要妈妈留下，这也显示：一个会自残的人是不爱自己的人，他的生命盒子里的“我不值得被爱”在运作。

不爱自己却要让别人证明自己值得被爱，这就是一种讨爱勒索的表现，只会让被勒索的人心里更加沉重与难过，因此更想逃避、离开。

第 3 章

从讨爱需求阶梯里，把爱找出来

我的外孙女小昕昕懂得如何使自己的讨爱需求被满足。有一次，我在洗衣间晾衣服，她不停拿东西给我，虽然都不是我需要的，但我还是会谢谢她，她很满意我对她的褒奖。然而我晾完衣服，将她带进屋里时，她却很不能接受，竟然趴在地上要赖不起来，这是她第一次发生这样的行为。她一边哭闹，一边不时地偷偷抬头看我。我拿饼干给她她不要，直到我拿出一盒酸奶，请她拿给她妈妈，她才停止哭闹，破涕为笑。其实最好笑的是她哭到一半会暂停，偷偷抬头看我。这个动作表明她在看我是否还在，如果我没有离开，那她心里的感觉是安全的，因为她知道我很重视她，她在我心里是值得被爱的，这是情感联结里很重要的部分。

人本主义大师的讨爱需求阶梯

我们常常听到“家家有本难念的经”的说法，这句话并不是说每个家庭都一定不好，一定“会伤人”，只是说在相爱相处的过程中，我们多少都会有不能和谐相处的部分，我们说的家庭问题便由此产生。

家庭亲情是长久的关系，我们当然希望能解决问题，让家庭有爱又和谐，这也是我们中国人最重要的精神——“家和万事兴”。然而，在生存过程中，很遗憾地，人为了保命，会自然地先启动可能危害我们生存的负向经验与感受，也就是内在生命盒子里的“我不值得被爱”。

当我们面临一个被选择的情境时，认为“我不值得被爱”的个体往往担心自己会被淘汰，这样的状况会使个体产生无意识的不安全感，要时时侦测危险，才能好好生存。而当此侦测启动时，个体的潜意识里就会有恐慌，于是很想将情境挽回到“我值得被爱”的状态。

其实将爱找出来，便能真实消除“不值得被爱”的不安全感，安然度过危机。但如果由于恐慌而“防卫”，继而出手“攻

击”，就会伤及他人；若无法向外采取攻势，就往内攻击，伤害自己。

那我们要如何才能离开恐慌，安然生存呢？让我们来了解讨爱需求里的安全感吧。

对地球上的生命而言，生理温饱之外，来自爱的温暖回应和安全感十分重要！哈洛的实验表明，温暖和温饱是物种生存的两大要件，安全感能提升个体生命的价值感。

既然内在的纯真力量，可以疗愈我们受伤的内在小孩，那么当个体获得温暖回应，感觉自己很“值得被爱”的这个生命盒子发生作用时，会有什么事发生？这时爱的满足可以给人满满的勇气，开发出个人的无限潜能，使我们充满与人亲近的欲望和爱的力量。

人类文明进入 20 世纪，心理学开始蓬勃发展。而随着心理学上的“第三势力”兴起，产生了关照“个体”发展、以人为本的心理学派，称为“人本主义心理学”。人本主义心理学派，主张人有自然向上的积极力量，只需要适当的引导。

心理学家马斯洛（Maslow）是其中一位代表人物。

“需求层次论”背后的讨爱故事

马斯洛提出需求层次论，认为人的需求是有层次的，从最基本的生理需求开始，然后依次是安全感需求、归属需求、受尊重的需求以及自我实现需求。

这个需求层次论一语中的地描绘了人类的真正需求，成为大家耳熟能详、朗朗上口的一个需求准则。它似乎也呼应了哈洛所探讨的“爱的本质”——除了吃饱的生理需求之外，让人类生存下去还需要满足更高的需求，即各种属于内在情感的需求。爱的本质所讲到的“温暖的回应”就是直指生理需求外最根本的“安全需求”，而追求更高质量的生活和个人价值感，则涉及归属、尊重与自我实现的需求。

马斯洛之所以能提出如此抓住人心的需求层次论，跟他个人的经历密不可分。他曾有着不幸的遭遇——他的母亲从来没有给予他温暖的回应，反而几近残暴地对待他，母亲的行为剥夺了他的生存安全感。我们先来了解一下马斯洛提出这个理论的背景——马斯洛自己的生命故事。

马斯洛小时候过得很不快乐，他的妈妈是他一切困扰与痛苦的来源。幸好表姐们接纳他，表妹还嫁给了他，帮他克服了生命中的惨淡，得以完成自我实现。

马斯洛家中有七个小孩，他是老大，他的父母是第一代俄罗斯犹太人移民，20世纪早期因沙皇迫害而流亡至美国，家境并不富有。马斯洛对自己瘦弱的身体和大鼻子一直有种痛苦的自我羞愧感。而他的父亲是个心思粗犷的人，曾在教会的聚会上说：“难道小埃布尔（马斯洛的小名）不是你们见过的最丑的孩子吗？”马斯洛因此有很长一段时间都故意避开人群，例如乘车时会找空车厢坐。

成人后，他原谅了爸爸，说相信爸爸不是故意的。后来他爸爸老了，颓废潦倒，马斯洛也能够接受他，并跟他住在一起。这让马斯洛更能感受到这位老人的爱，并称“爸爸其实是可爱的”。

然而，马斯洛跟他母亲的关系却一直很糟糕。他在自传里曾提到，直到成年，他对母亲还一直怀着不信任的憎恨，他从未原谅母亲，也拒绝参加母亲的葬礼。

他说:“我成长在一个令人痛苦的家庭，我的母亲时常为了孩子犯的一点小错，就说‘上帝将惩罚你！’我也没有朋友。我是在图书馆和书籍中长大的。但是，奇怪的是，过着这样的童年生活，我居然没有得精神病。”

马斯洛的母亲常用锁把冰箱锁住，只有当她有心思弄东西给家人吃时，才把锁打开。母亲似乎担心马斯洛带朋友来家里，会吃冰箱里的东西，所以马斯洛从不带朋友来，也没有朋友。对马斯洛而言，他在妈妈心中就是“不值得爱的孩子”。

对于妈妈的爱，他相当于自我放弃，不再有任何祈求。这个觉得自己不值得被妈妈爱的“讨爱凝滞点”，让马斯洛十分难过。其中发生的两件事，更是让他痛苦不已。

一个是唱片事件。马斯洛很喜欢音乐，有天他买了几张唱片回家欣赏，母亲见状要他把唱片收起来，但马斯洛并没有立刻照办。当他离开房间，几分钟回来后，他发现母亲用力地践踏他的唱片，直到踩碎后才心满意足地离开。

另一个小猫事件更残忍。有天，马斯洛将两只流浪猫带回家，偷放在地下室，但猫叫声被母亲听到，母亲勃然大怒，当着马斯洛的面将小猫抓起来扔到墙上，小猫撞墙而死。

难怪马斯洛说自己竟然没得精神病很不可思议！但是，到底是什么让马斯洛能够变成一个有爱、有成就的心理学家，完成自我实现呢？这就要说到马斯洛的爱情故事了。

尽管马斯洛的家庭令他痛苦，但他却有很棒的舅舅和舅妈，他喜欢去舅舅家，和表哥、表妹待在一起。20 岁的马斯洛与他的表妹贝莎结婚时，对方还只是高中生。

那他是怎么跟表妹结婚的呢？大家都知道马斯洛喜欢表妹，但他却因自己长相感到自卑而不敢表白。一个偶然的机会，他的表姐故意推他一把，让他倒在表妹身上，并叫着要他亲吻表妹，他鼓足勇气真的做了，发现表妹也是接受他的。

马斯洛说:“我被一个异性接受了，和她在一起，我感到极度幸福和愉快。”对他来说这是意义重大的一步。婚姻给了他人生的安全、尊重与归属感，让他真正体悟到生命里的高峰经验。

高峰经验是指一个人一生中深受感动的时刻，这个转机，使马斯洛的生命盒子里的“我值得被爱”得到了讨爱满足。

马斯洛说他自己掌握自己的人生了，这似乎源自一种“内在的自信心”，而不是通过外部争取到的。他由此改变了对自己的看法，变得积极健康起来。这也是他提出自我实现理论的基础，称为需求层次理论（Maslow's Hierarchy of Needs）。

讨爱需求的阶梯

马斯洛依次从较低层级到较高层级，将人类的内在需求分成生理需求、安全需求、归属需求、受尊重的需求及自我实现的需求五类（如图 1）。

对性、食物、水、空气、住房及睡眠等的需求，属于生理上的需求，这类需求是最基本的。所以，个体有了什么状况，需要

先想到是否生理上生了病，没有吃饱还是没有睡好。

安全需求包括对人身安全、生活稳定以及免遭痛苦、威胁或疾病等的需求。和生理上的需求一样，在安全需求没有得到满足之前，个体最关心的就是安全需求。

归属需求包括对人与人之间的亲密关系以及隶属关系的需求。当基础的生理、安全需求得到满足的情况下，个体最怕孤独、寂寞，因为人是群居动物，亲密需求也关系着人的生存。而这也是我们在本书中一直提及的讨爱满足，只有这部分获得满足才能使人生活在安适平和的生活中。

尊重需求包括对完成一件事或展现自我价值的个人感觉，也包括他人对自己的认可与尊重，这能使个体因为觉得自己值得被爱，受勉励而更努力向上。

自我实现需求的目标是自我实现，或是个体能完全发挥自己的潜能。这样的人充满爱的能量，能用讨爱满足克服讨爱凝滞，从而达到自我实现的境界，接纳自己也接纳他人，在人际关系里也能与他人相爱相亲。

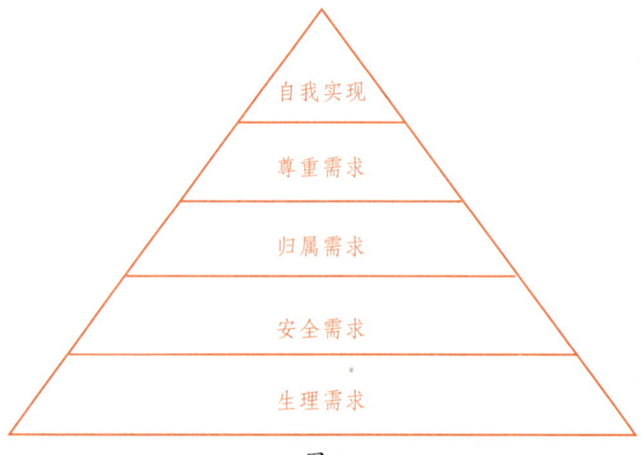

图 1

安全需求里的生命价值感

心理上的“无价值感”会使个体的内心充满恐惧，然而我们常常很难察觉到这种潜意识对我们构成的威胁。

以恋爱为例，这是物种很重要的任务——透过恋爱以达到物种繁衍，也就是我们说的“传宗接代”。恋爱阶段是男女双方展现自己价值感的关键时刻。

价值感对生命安全的重要性

由于科学文明的发展和解释，我们大约都相信恋爱这种事情，仰赖各种生理的激发与变化，当天雷勾动地火时，就不免意乱情迷、干柴烈火了。

然而，人类也相信其中含有很多理智的成分，也应当考虑各种现实条件，讲究天时、地利、人和，在对的时间、对的情境遇见对的人。我们绝大部分人不喜欢别人是因为贪图性或者钱而恋爱，我们要的是真爱。

假设你与对方相爱，并且论及婚嫁，想相伴终生，可能会出

现两种剧本。一是对方这时候坦白，他本是一个很富有的人，但是为了跟你相爱，欺骗了你，假装自己很穷；二是他是很穷困的人，却假装自己有钱。

对于第一种情况，即对方原本有钱却欺骗说很穷，或许你在知道的当下会生气，因为感觉对方不信任自己，担心自己不是真爱他，而是为了钱。不过对方解释清楚后，你也就释怀了，还可能有“赚到了”的感觉。

可是，如果是第二种情况，即原本很穷却假装很有钱呢？人们往往在知道的当下，也会因为不被信任而生气，但是解释清楚后却无法释怀，深感自己被欺骗了，觉得自己亏大了。

这两种剧本，按理说都是社会学所说的“印象整饰”，即刻意地包装自己，以欺骗手段达到目的。只不过对方后来有了想要永久在一起的想法，于是掀开真面目，以表自己的诚恳与真心。

按照社会文化的准则，欺骗行为不可取，不仅有伤道德风气，更有损生物生存，会让我们陷入危险处境。那么，为什么同样是欺骗，同样是为了获得爱，人们对两种情况的感受却如此不同？

这其实涉及在“生存”层面有没有安全感的问题。从有钱变成没钱，很惨——爱情也需要现实，没钱直接威胁到生存；从没钱变成有钱，则不会威胁生存。可见我们无法摆脱自然给我们的生存任务，它时时都在发挥作用。

让我们再回到生存这件事上来——讨爱是我们生存的重要且唯一的任务，让自己值得被爱是很重要的一件事。在亲子、夫妻、同伴、同事等人际形式里，但凡要有好的持续的关系，让彼此能有价值感，能安全地生存下去，都不得不重视讨爱里的温暖回应。

“价值感”带来积极的力量

“你好厉害啊！”使儿子有了价值感

我的儿子和女儿小学读的是科学园区的实验小学，所以早上必须到新竹清华大学校门口等公交车上学，回家也是搭公交回。我将家门钥匙放在妹妹的书包里，并叮嘱妹妹不准拿给哥哥。哥哥每次回家就抱怨，说他都先到家，为何不能将钥匙给他。

其实我是有私心的。因为哥哥大妹妹 2 岁，也比较健壮，总是跑在妹妹前面，如果钥匙在妹妹身上，哥哥一定会回头照看妹妹，这样妹妹也比较安全，不会发生意外了。

哥哥完全不知道我这个私心，我担心说出来他会不服气，也会不理妹妹。不过，我这样做也表示哥哥有比较好的能力，让我想委托他照顾妹妹。于是我就问他:“为何钥匙不放在你身上，却要放在妹妹身上呢？”儿子说我是担心他会弄丢钥匙，是我不信任他。

我说:“才不是呢！平常妹妹并没有哥哥细心啊！”我请他再想想，他便说因为妈妈比较疼妹妹。

其实，以上这两个想法都是儿子生命盒子里的“我不值得被爱”在发生作用。

我打算要让儿子的“我值得被爱”的生命盒子启动，于是我

说:“这跟比较疼谁无关啊！而且我对你和妹妹两人是一样的爱。”

我继续说:“如果钥匙在你身上，你那么厉害，走得快，一下子就到家了，那妹妹万一在你后面跌倒了，或者被别人带走了，就没人知道了啊！妈妈觉得你是很厉害的人，你有能力保护妹妹，所以才要将钥匙放在妹妹身上！你知道的，妹妹保护不了你，她没有你那么厉害。我相信你，你在妈妈心中很厉害喔！”

由于被重视，儿子感到他在我心中是“很值得被爱”的人，从此更愿意等待妹妹了。可见，“值得被爱”的满足感可以给人满满的勇气与力量。

“你就是想跟我搭讪”让人产生价值感

再举一个例子。那是个暑假，我刚刚考上研究所硕士班，学校在高雄。我办完报到打算回善化的家，上火车时发现我的座位上坐着一位年轻人。这时候车厢里空空的，没什么人。我有两个选择，坐到我的位置上，或者随便选个位置。

回到我家要经过四个停靠站，行程总共约 1 小时 10 分钟。我想了想，还是决定坐到我的位置上，以免到时候被赶会很尴尬，不如先来赶人。

但是当我来到我的位置上时，这位年轻男士很礼貌地对我笑，我竟开不了口请他走，我只好客气地问:“这旁边有人坐吗？”他说没有，并礼貌地比了个请坐的手势。我只好坐下来。

他开始跟我搭讪，我知道了他是成功大学研究所硕士班二年级学生。他接着说，今天会来高雄，是因为跟女友分手了，他送女友回高雄。

我心里想：这么有意思，分手了还会送人家回家，是个相当有风度的男士。于是我就没有任何戒心地跟他一路聊了起来，连生日是什么时候都互相知道了，后来我们也做了男女朋友。

不过，在我的学校他会跟我牵手，而我到他学校去时，他都没有牵我的手，这让我觉得他或许不想我被他朋友看到，于是一年后我们分手了。

提起这一段，其实是因为里面有个大误会。当时铁路局有个规则，就是车程必需超过50公里，票面上才有固定的座位号。我家善化距离高雄市65.06公里，所以我是有座位号的；台南到高雄只有43.7公里，所以没有座位号。

然而，当时我们两人都不知道这项规定。对他来说，一定产生了一个极暧昧的讯息：一个女孩上车后，车上这么多空位不坐，却来坐我旁边，那么这女孩一定是喜欢我，特意要来跟我搭讪的。

他也因此给我传递了暧昧的讯息：我看到他对我很欢喜地笑，加上他还特意表明跟女友分手，就说明他很喜欢我，想要跟我成为男女朋友。

这个误会让我们俩各自在心中都觉得“我是值得被爱”的。这种讨爱的满足真的使人产生了勇气与力量！

后来会分手，也是因为我从牵手的情境里推断出“我不值得被爱”。而那时他约我，有几次我在赶研究报告，于是拒绝跟他约会，这也让他觉得自己在我心中是“不值得被爱”的！

低价值感使人沮丧

害怕被爸爸遗弃的低价值感

我有个当事人叫小鱼，她还有一个姐姐和一个妹妹。她的爸爸在她初中时有了外遇，并且跟对方育有一子，于是跟她妈妈离婚了，后来还成立了新家。

现在，小鱼的妈妈有自己的事业，过得很好。而另一边，爸爸再婚后，她们三姐妹与爸爸家仍有往来，那位阿姨对待她们还算客气，还常常听她们的劝说不要宠坏弟弟。

不过，小鱼心中始终存在一个“讨爱凝滞点”。因为爸妈离婚时，爸爸只要了姐姐和妹妹，没有要她，所以她觉得自己在爸爸心中是不值得被爱的小孩。

她之所以来咨询，是因为她常常被自己莫名的情绪困住，这也让她的男友觉得很难理解。男友说她好的时候很好，然而一旦脾气坏起来，简直让他无力招架，直想逃走。

小鱼说，她只要知道男友有聚会就会心里不安，如果知道那聚会里有女生，就会希望男友拒绝参加。男友会很耐心地说明有哪些人参加，是谁和谁，他不会喜欢上别人，然而小鱼还是会一直责怪男友为何不能不参加。男友聚会回来后，小鱼还要一直追问，并闹着说他就是心里有鬼。

如果男友说他招架不住，很想逃离，小鱼就会立即跪下来道歉。她真的曾经在大马路上跪下来跟男友道歉！由于太害怕对方不要她，平日小鱼都会使尽力气制造很多小惊喜，会下厨做饭，也会在路上蹲下来帮男友绑鞋带。

其实，问题不在她跟男朋友的关系上，而是她的内在小孩在作祟。真正需要先处理的是小鱼的“讨爱凝滞点”。

她爸爸有外遇这件事情，不只是发生在一个时间点上，而是有一个过程，这个过程就发生在小鱼家里。当时小鱼父母的关系一定很紧张，直到离婚前，家里的每个人必定都经历着感情里的变故，这些感情大部分都在“不值得被爱”的生命盒子里发生作用，小鱼当然也不例外。

而爸爸不要小鱼的监护权这件事，一定使小鱼心里产生了“无价值感”和“不安全感”。小鱼把这种感情上的不安全与恐惧，后来都投射在跟男友的关系上。她害怕男友会离她而去，像妈妈和自己遭到爸爸遗弃一样。所以面对男友的聚会，她才会产生不可理喻的情绪，也才会委屈自己，凡事将就男友，甚至在大街上下跪。

在小鱼的倾诉里，我知道她是三姐妹里唯一会跟爸爸呛声、保护妈妈的人。我跟小鱼说:“你爸爸一定认为在你心中他是不值得被爱的人，他因此有了‘讨爱凝滞点’。我相信你爸爸虽然跟你妈妈离婚，但是他希望你知道这不影响他爱你。”

小鱼说，她爸爸常常会跟姐姐和妹妹问起有关她的事，还会买礼物送她，也从来没有忘记她的生日，可是她好像都没有注意这些事，只一味地拒绝爸爸。

我说:“还有一种可能，你爸爸认为你总是保护妈妈，所以你一定想留在妈妈身边。而且你个性刚烈，他怕那边的阿姨日子也会很难过。还有，或许你妈妈就想留下你！这些正说明你在你爸

爸妈妈心中是值得被爱的啊！”

小鱼泪流满面，说自己为何看不到这些爱呢！也说她现在能开始整理自己的情绪了！这时候，由于她能感受到爱的温暖回应，她生命盒子里的“值得被爱”便开始发生作用。她明白了自己是值得被爱的，能在爱里得到满足。

这种“我不值得被爱”的低价值感，其实就是人内在深层的不安全感。安全感对个体来说相当重要，直接影响着所有我们与人之间的关系指标。所以，父母给孩子的爱里，最重要的就是安全感了——一种爱的本质，不断地有着温暖的回应，让孩子知道她值得被爱。

艺术梦被否定的低价值感

再来说说小光。小光本来就读于电机系，但是他的内在有个声音说，他想学习与艺术相关的科系。于是他决定延迟毕业，转读艺术研究所。他如愿考上艺术研究所，服完兵役后就读，毕业后投入职场，做的也都是跟艺术相关的工作。

然而，经过几年职场历练后，小光决定再回校园，这次攻读的是咨询专业系所的博士学位。这其中最折磨小光、让他痛苦万分的是他妈妈。他妈妈不能接受儿子从最有前途的电机行业，转到看不到前途的艺术与咨询领域。所以，她虽然还是为小光提供生活起居，却不愿同小光多说话。

这件事，为人父母的都能理解，换作我的孩子，我可能也要经过很困难的心理挣扎。但在小光心中，他的讨爱面临着深深的伤害，他一定觉得他在妈妈心中是不值得被爱的。

有一次快下课了，小光来找我。我很高兴见到他，便邀他一起去吃饭。点完餐，我问他怎么忽然来了，有什么要说给我听的，没想到这个大男孩就在满是人的餐厅里哭了起来！我看了心疼不已，跟着他一起流眼泪。我们就这样相视泪流，直到大家用完餐散去，我们才开始举箸进食。

小光说，他刚完成一件艺术课程要求的作品。他把当兵回来后没剪掉的头发剪下来，用一撮长发编成一条绳子，又将部分长发剪碎，当成草地，草地上有个人在放风筝。他想呈现自己的生命就像风筝被人拉扯着无法自在飞翔的境况。

然而，他在完成作品时才发现，如果不是这条绳子，风筝也无法迎风飞翔，他忽然在作品前大哭起来。他明白了自己就像那风筝，而妈妈是那条绳子，助他飞翔，飞得更好。

唉！小光和他妈妈，两个人因为彼此深爱，为对方着想却没能达成理解，两个人的心都很苦！面对这样深刻的爱的生命历程，只有时间能带他走出低价值感的生命脚本，有一天豁然开朗。所幸小光在他的艺术创造里把爱找出来了，他看见了妈妈的爱。他相信在妈妈心里，自己依然是值得妈妈爱的小孩。

维护安全感的模仿

在心理的“无价值感”对生命的威胁下，人的内在会产生两个相反方向的发展，以便于维护自己的价值感。一个是否认并躲避起来，将“不值得被爱”的恐惧情绪隐藏到最深处，然后通过各种心理转换投射到别人身上。

然而个体是完全感觉不到这些的，因为它是化了妆的心理。所以荣格才会称这是我们自己的阴影，我们看似讨厌别人，其实讨厌的是那个不被接受的自己——这就是投射的由来。

第二种维护自己价值感的方式，是通过模仿复制他人的行为，潜意识里认为这样可以立即获得认同。所以我们也都有莫名的行为，例如不喜欢爸爸妈妈的教养方式，但是却常常无来由地在生活中发现自己竟也有同样的行为。

获得这种认同的最大意义就在于，个体可以直接感受到自己是值得被爱的，于是就能拥有富有价值感的生命脚本。

讨爱表达是一种继承来的习惯

让我们来思考几个简单的问题。

你觉得吃西瓜的方法是什么？我家是我爸爸或者妈妈切好西瓜给我们吃。先把西瓜切成一块一块，然后刀子划过肉与皮交接处，去了西瓜皮，拿筷子尖将西瓜籽剃掉，再切成小块摆到盘子里，用叉子叉着吃。我一直认为西瓜就应该这么吃。

我第一次到婆家去，看到饭后水果是西瓜，我就拿到厨房去切，并花了很多时间摆盘才端出来，但是大家面面相觑，不知道怎么吃，甚至拒绝吃。婆婆跟我说，西瓜不是这样吃，而要一整块拿起来啃。我认为整块拿着吃，一定会流出汁液，所以实在很难想象那样会比较好吃。

还有，在我家竽头是煮甜食用的，但是我妹妹的婆家却用竽头来炖排骨。妹妹说刚开始吃起来很恐怖，但是后来觉得咸的竽头也很好吃。

所以事情没有对错，都是习惯而已。一种彼此接受的爱的交流，联结了情感，又发酵成一种习惯，也可以说是一种模仿。家里的习惯也是一种次文化，符合文化剧本的行为才是表现良好、值得被爱的行为。

食物如此，情感的互动也是如此。我跟我先生结婚后，发生了第一次争吵。我忘记为了什么事，但是却记得当时的情景。我打电话跟妈妈讲，讲完跟妹妹讲，再跟朋友讲，讲到很晚了要去睡觉，却发现先生在卧室的床头坐着，没有任何动静。

我跟他说话，他没有回应，过去抱他，他竟然将我推开。他

表示刚吵完架，不想跟我说话。我问要多久，他用手比六，我问这是六天的意思吗？他用眼睛直视我表示对。

天啊，他是冷战派的！这是我最害怕遇到的事。我那天极尽讨好之能事，最后他还是屈服了，跟我和好并相拥入睡。然后我们重新确立了我俩的吵架规格——不是冷战，没有冷场，当天和好。

我后来知道，公公婆婆就是冷战，而且他们的冷战包括不同桌吃饭，各自把饭菜拿到自己的房间吃。我发现这样的讨爱方法是会被模仿的，就跟吃西瓜的方法一样。

后来在咨询的当事人里，我都能看到这样由模仿学习而来的讨爱。孩子继承的不只财产，还有很多数都数不清的讨爱方式，例如父母的冷战行为。冷战就是一种不回应，这样的不回应来自个体以往的经历，让其在讨爱的生命盒子里贴上了不值得被爱的标签，焦虑得想逃避这样的自己。

所以，我们想尽办法也要将爱找出来，不让来自父母的习惯变成自己无情的重复循环的讨爱勒索，深受这种勒索的影响却不自知。

讨爱有不同的机运。有时有爱的回应，感觉自己值得被爱，就有讨爱满足点；得不到回应，就会感觉自己不值得被爱，甚至连自己都不爱自己，就产生了讨爱凝滞点。而这讨爱凝滞点会让人很想将自己隐藏起来，躲避现实，在人前隐藏连自己都觉察不到的真正心思。

对于没有胜算的感情，人们也会想方设法，花招百出，不惜威逼利诱，企图让别人改变对自己的看法，于是就有了讨爱勒索的发生，困住了自己，也为难了别人。

所以，我们已经当父母的人，实在有必要先找出自己的讨爱凝滞点，好好整理自己的爱，这样才能让孩子接收到我们的爱意，健康成长。

习惯性复制上一代的教养观

出于惯性，人们容易复制以前的经验，或者上一代的教养观。人们往往喜欢待在一个熟悉且有安全感的地方，不大能够接受改变，即使改变是好的，也会找各种理由逃避。

这就是上一节所说的，模仿可以快速有效地被认同，使个体直接感受到自己是值得被爱的，这种安全感与价值感有利于生命的生存。

女儿还在读小学、愿意听我的话的时候，我给女儿买了许多洋装，心里期待她能穿去学校，但是她说："老师说要穿裤装上学，因为学校运动会快到了，要练习。"

我问她："要穿多久呢？"她说三个星期。我说："去问问老师，可不可以偶尔也穿洋装？"她回家告诉我："老师说每周星期三不练习，可以穿一次洋装。"可是，她虽然身上穿着洋装，脚上还是运动鞋，我便对女儿说："怎么会有人穿洋装却穿运动鞋？难看死了！"

女儿觉得非常为难，又跑去找老师，回来后又告诉我："老师说不穿运动鞋练习，脚会受伤。"这时，我就忍不住发脾气了，脱口而出："不是说星期三不练习吗？你的老师比较行，骗人家没

有做过老师的！”

这句话冲出口时，我猛然想起，那是我妈妈过去时常对我说的话。我妈妈以前也常常强迫我穿裙子和洋装，我因为不想被同学笑，所以很别扭，总是用各种方法推脱，能不穿就不穿。一直到大学，我妈妈还到我宿舍，收走我所有裤装，说是希望我有个淑女的样子。

不可思议的是，我竟然也逼女儿做我自己不愿意的事，更没想到自己竟然不知不觉用了相同的话去对待女儿。也许以后，我的孩子也会用我的话再继续教他们的孩子，这些相沿成习的惯性思考模式，就这样代代相传，让我们深陷其中，难以察觉，也很难改变。

当然，现在我回头看，完全理解是怎么回事了。我家只有四姐妹，我排行老大，从小我常听大人聊天，知道妈妈生了四个女儿却没有儿子，这是她最大的遗憾。所以在我心中，有一个讨爱的生命盒子为“女儿”这种身份贴上了“不值得被爱”的标签。当然，这是我自己贴上去的。总之，我不穿裙装，努力表现，做事果断，几乎一直都当班长。我相信我一定就像个儿子一样让妈妈满意——我这样跟妈妈讨爱。

然而，我现在才知道，其实妈妈一点都不这么想，她还是希望我能当个淑女，以后嫁个好丈夫。所以“不值得被爱”的标签是我自己贴上去的，不是妈妈，更不是别人。

因为这样陷在里面，认为自己是不值得被爱的女儿，我失去了自己，一直重复这种不明了的行为，还把它投射到了女儿身上。其实我要求女儿穿洋装，用我妈妈的话数落女儿，都是我的讨爱行为。

这是生命奥妙而无法言喻的地方。我们习惯用逻辑推理，自己不喜欢的行为，都希望它不要继续发生。奈何这世间种种艰难困苦——亲密关系的矛盾、不幸的命运，却一再重复和循环。而这都是因为我们看不懂讨爱，也不曾觉察讨爱勒索的罪魁祸首，就是让人恼怒的讨爱凝滞点。

当我们看懂自己的讨爱凝滞点，明白“不值得被爱”是自己贴上去的标签，就能把爱找出来。

温饱与温暖给予的安全爱

哈洛的实验证实，爱的本质除了温饱，绝对不能缺少温暖的回应；马斯洛在爱的需求里，将生理的需求列在第一层，接下来就是安全感需求，这些都是智慧的主张。

事实上，人类在远古的荒野中生存时，只有安全了，才能好好吃一顿饭。中国五千年文化所衍生出的家族主义文化，是人类历史上最悠久的文化之一。在这悠久的文化里，我们祖先就知道，一个种族要源远流长，必定要“民以食为天”“衣食足而后知荣辱”。

自古以来，我们奉行祖先传承的集体文化，以家为主轴，家族往往围成圆桌吃饭，以“吃”表达最深远的爱。所以，我们将从中国家族式爱的传承和模仿里，通过温饱与温暖两个关键词将爱找出来。

爱在“吃”情里

人类是群居的物种，吃饱穿暖都要依靠群体，人与人之间的交流是生存的必要条件。如果想要有更好的生活质量，我们还需要流畅的情感交流。但是，每个人的情感经验各不相同，也有各自不同的内在情感运作机制。

人类社会最基础的群居单位，当属家庭了。成立家庭的两人都有各自的原生家庭，因为相遇、相爱，将来为人父母，又为自己的孩子创造了一个新的原生家庭。而其间的情感，必定经历很多磨合，才能渐渐稳定，形成一个有爱的家庭系统。

我们都知道，相爱的两人可以有强大的力量，然而有时候也会因为芝麻绿豆的小事冲突交锋，闹得不可收拾。

讲讲我家一件芝麻绿豆大的事吧。我很喜欢吃绿豆芽菜，上菜市场一定买黄豆芽和绿豆芽，但如果是我先生去，那就不可能买它了。因为我吃豆芽菜一定要将每一根的尾端摘除，先生觉得这简直就是浪费时间，所以只要我摘豆芽菜，他一定会在一旁说我浪费时间。

我其实也跟先生说过，豆芽菜对我来讲有不一样的情感。由于很便宜又有营养，在我爸妈眼中，豆芽菜就是很棒的菜，妈妈会做粉丝豆芽煲、豆芽菜面、豆芽菜炒粉条等。每次买回来豆芽，我们就一家人在餐桌上一边摘豆芽一边聊天。

所以，摘豆芽对我来说，代表着全家在一起的快乐时光。但对我先生而言，摘豆芽只是很花时间的一件事。

我的儿子和女儿也爱吃豆芽菜，每次我买豆芽菜回来，他们跟我一起边摘豆芽边聊天。而我先生大部分时间在他的研究室里，极少有一起摘豆芽的经验。最近女儿怀孕，我先生要去买菜，女儿给出的菜单里就有豆芽菜。女儿说，因为她先生不喜欢

吃豆芽菜，所以她只有回家才有机会吃。毫不意外，我先生看到菜单，依然会说：可不可以不买啊！摘豆芽很浪费时间。

有一天，我因为先生没买豆芽菜哭了。前一天先生问我：明天中午想吃什么？板条好不好？我说："好，那我要豆芽菜炒的。"可是这天他买菜回来，我却没看到豆芽。我忽然悲从中来，一边哭一边说："今天是我爸爸过世3周年的日子，我想念爸爸。"先生觉得抱歉，他解释说担心用豆芽炒菜会浪费我赶研究报告的时间，所以没买。

我听完更加难过，因为我已经不止一次说过豆芽菜对我的意义，为何他还要一直固执地认为摘豆芽菜浪费时间。我心里又难过又气愤，真想对先生开骂，但是知道他也是关心我，所以忍着。

其实年轻时的我会很生气地对他吼。但由于自己从事家庭咨询与家族治疗多年，能觉察自己的讨爱凝滞点，所以也能慢慢明白，一定有一些地方我还没有能让他明白。于是，我渐渐从生气转成懊恼，懊恼自己这么多年来，到底是哪里没听进去我先生的话。

我想了很久，忽然想到没买豆芽菜我哭了的隔天。当时经过一家超市，先生问我要不要停下来补买豆芽菜，并且还问了我："你确定你有时间吗？"当我心里准备好要抛开成见好好听他说时，我才明白，先生不是批评我浪费时间，而是在他心里，我形容的那种全家一起摘豆芽菜的时光是闲暇的时光，而我那时正在绞尽脑汁忙着写研究报告。

于是我知道了，我一直没有说清楚，没有回答先生的疑问。我便跟先生说："你知道很多小说里的师父，如果要让徒弟解开疑惑，都是让徒弟去扫地，不停扫地，或者夹豆子，不停夹豆子。一再重复的动作，让心渐渐静下来，自然能参悟啊！所以，当我一直陷在研究里出不来时，摘豆芽的美好时光或许能让我灵感乍现！我也不可能24小时都在思考啊！所以，我有摘豆芽菜的时间！”

在这件芝麻绿豆般的小事里，“吃”的背后蕴含着深深的情意，有童年温暖的父母情，也有默默付出的伴侣情。

我发现，当我意识到不是先生听不进去我的话，而是我被自己的情绪困住没有好好回应时，我们两人就会有冲突。

但是，当我意识到我要跳出来，认真回应先生时，我静下心来了，这样我才能有好的语气、好的回应给他。而这样的沟通与交流，让我们都能在“吃”中感受到彼此的爱，明白在对方心里自己是值得被爱的，于是就把爱找出来了。

在吃的滋味里，体会被重视的感觉

中国人是很习惯用吃来表达爱的。食物的味道也是一种传承与复制的模仿，这种模仿使食物带着安全与价值的爱，代代传递。

我在课堂上常常会问孩子最喜欢吃什么，得到答案后，我通常会请他们想想那背后的故事，其中一定跟“我值得被爱”有密不可分的关联。

“绿豆椪”里藏着久久的爱

结婚后的第一个中秋节，我非常想念我家里过节才会吃的

“绿豆椪（pèng）”（注：台湾风味的月饼），尤其是凤山的绿豆椪。我先生觉得好笑，说中秋节当然吃传统月饼。

看到圆圆的月亮，我哭了，先生才知道事态严重，带我出门买绿豆椪。因为过节买一送一，我吃了两颗凑合的绿豆椪。后来我一直吃着凑合的绿豆椪。

结婚第十五年，我有一次回家，发现餐桌上有一盒久违的凤山绿豆椪。后来我才知道，有个学生打电话来说想拜访我先生。通话中，先生得知他住在凤山，于是透露出他最爱吃凤山绿豆椪的信息。这位学生便特意带来了凤山绿豆椪。

其实爱吃这家糕点的人是我，原来他一直记得！想到这，我又感动落泪了，因为他爱我这么深。

“豆浆”里有着摘星的爱

我的朋友告诉我，她与她先生好一阵子处得很不好，她的婚姻有些问题。但是有一天醒来，她先生突然问她：你想做什么？她说早上最想喝永和豆浆。她的先生竟真的不顾路程遥远载她去永和喝豆浆。

她一时觉得那感受真像她的先生带着她去摘星星月亮一样。她先生说：原来摘星星月亮这么容易啊！那可以常常带你去。

我也觉得，一个结了婚的男人，愿意在相处不顺时带着妻子去永和喝豆浆，是一种爱的表现，其中满含值得被爱的价值。

温饱里藏着温情与亲密

我儿子曾经从学校带回来一首诗，很有意思。我记得是这么写的：

“妈妈的爱像糖果，藏在唠叨里，藏在担心里，藏在泪水里，害我东找西找，直到懂事才找到。”

我们的确是这样的，往往要长大了才能理解家人对自己的爱，从食物的记忆中将亲密的爱意找出来。

以下分享三位学生写的关于“爱的滋味”的故事。

“偷吃卤五花肉”里有外婆的爱

犹记得小时候回外婆家，我最期待的就是外婆拿手的“卤五花肉”，那种香味与口感在外婆过世后再难尝到，但是外婆给我的爱却深深地温暖着我。

外婆的卤肉不是用瓦斯或是电饭锅来烹煮，而是使用最传统的炭火慢慢地炖煮。每次回去，我都会负责在那炉火旁看是否需要添加炭火，这段看顾炭火的时光也是我和外婆东拉西扯的美好时光。

伴随着越来越浓厚的卤肉香味，听着锅内咕噜咕噜的滚沸声，加上外婆那慈祥的谈话，我那幼小的心灵中埋下了一颗幸福回忆胶囊。每当我遇到不如意时，就会打开这颗胶囊，感受那曾经拥有过的幸福，让我有勇气与力量去面对当下。

在与外婆在一起的幸福时光中，有一个“偷吃的时刻”——每当外婆将卤肉的味道调配好之后，她都会故意走开一阵子，让

我完成对美味卤肉的最后一段看顾。此时我的胃，早已经被那咕噜咕噜的声音与香味弄得快要弃械投降，等到外婆一走开，我就会偷偷地夹一块看起来最肥美的五花肉，轻轻地吹凉，慢慢地放入我的口中，那种满足的滋味到现在我还可以感觉到。

往往都是在我要夹第二块的时候，外婆就会轻轻地在别处出个声响，仿佛在告诉我她快要回来的讯息，此时的我就会假装安分地看着炭火。

现在回想起来，我倒是觉得外婆有意让我先尝尝那美好的滋味，因为在那个传统的年代，外公是要优先于小孩子吃饭的，我们小孩子不能够“逾矩”，所以外婆就以这种方式传达她对我的宠爱，这也成了我们祖孙俩人的美好秘密！

“珍珠奶茶”里有妈妈的爱

离家求学期间，老师上课问大家最喜欢吃什么，说这些食物都会跟个人的生活故事有关。我脑海中第一个出现的就是珍珠奶茶，就连我自己都有点惊讶。

当老师问到我时，说这是不健康的食物，我心里想：对呀，我居然会最喜欢吃这种所谓的垃圾食物。但通过老师的引导，我才发现，原来我喜欢喝珍珠奶茶是有原因的，这背后有着来自妈妈的深深的爱意。

爸爸总是不准我们喝珍珠奶茶，每次我们买回家，爸爸都会碎念一顿，丢下一句“下次不要再买了！”但是妈妈会带着我们偷喝。一起出去逛街的下午，我们一定买一杯来解馋，因为这是难得脱离爸爸监视的时光。

我在外读书期间，有时会特别想念珍珠奶茶的味道，但是买来后却又没有记忆中的好喝，直到上这堂课后才意识到，可能是因为没有跟妈妈一起喝，少了母女间分享的滋味。

所以我喜欢喝珍珠奶茶其实是喜欢妈妈给我的特权，这让我感到特别的宠爱，尤其在喝的当下，我感觉我就是妈妈最宝贝的女儿。

包子里“包”着爸爸的爱

高中的时候，我还住在家里，每天都要 7 点出门乘车上课。因为来不及在家悠闲地吃早餐，我的早餐都是爸爸前一天下班买回来的面包、包子等，好让我在匆忙的早上拿了就可以乘车。

爸爸因为自己也喜欢吃，所以常常会去各个有名的面包店和包子店尝尝，然后回来跟我们说他买的这间很有名，上过电视，“我还特地去排队！”

当天我下课回家后，他还会问:“今天早上的面包（包子）好不好吃？”虽然我不是特别喜爱吃面包和包子，但如果当天吃到的早餐还不错，我就会以一种比较浮夸的口气说:“爸爸，这个面包（包子）很好吃欸！”然后我爸就会在接下来的日子常常买我说好吃的那款。

虽然吃久了会腻，但我知道这是爸爸对小孩的爱，因为他总是记得我喜欢吃这个，不喜欢吃那个。现在我长大了，吃到好吃的面包或包子时都会想到爸爸，去外县市玩还会特别去有名的面包店或包子店买爸爸爱吃的带回去。

印象中有一次跟同学出去玩，我也是要去买有名的包子，同学就说“你真的很喜欢吃包子欸！”我才意识到原来我是被爸爸默默地感染了，以前的我是绝对不会自己去买包子的，我认为那种食物就跟白馒头一样无味，是老一辈的人才吃的，现在却自己主动去买。

原来，食物真的能够联结情感！

第 4 章

从安全依恋里，把爱找出来

我来说一件关于安全依恋的事。小昕昕拿着一个计算机的插头，那插头连着的线绕着她的脚，有可能使她绊倒，看起来很危险。可是她就是要拉着，好像要到某个地方。她还不会说话，拉不动就发脾气。我说这样不好，可是顷刻间，线松开了，她很高兴，指着线咿咿啊啊地说着什么。我说:“原来你是要将计算机线拉去接在计算机上啊！”一下子被理解了，她笑开的模样，真是轻松可爱。原来被人理解是这样的心情啊！我们在情境脉络里，读到了她这个小小人儿爱的心意，让她的内在盒子感受到她是值得被爱的。

鲍尔比的依恋关系理论

没有安全感是十分严重的一件事，甚至可能会威胁生存。我有一位朋友，是大学校长，他只有一个儿子，但这个儿子却让他心力交瘁。他儿子不仅不愿意读书，还常常惹祸，虽然不至于进监狱，却要常常光临警察局。虽然有时他不想提及这些烦心事，但儿子的事让他和太太看起来总有一种说不上来的忧郁气息。

我们几次出境开会在一起，我听他讲述，听着听着，觉得有一件事情应该是关键。孩子在 7 岁时，他交换到法国一年，由于孩子已经入学，太太就跟孩子留在岛内。寒假过年，太太带着孩子去法国找他。

第一天外出用餐，孩子回来累了，于是太太在另一个房间将孩子哄睡，就回房跟他亲热了起来。谁知孩子忽然惊醒了，来到他们房门外大哭，大叫妈妈。他太太赶紧穿衣要应门，他却不准，认为男孩子不可以这样没有男子气概，还责骂起太太。

孩子哭得声嘶力竭，最后在门外睡着了。后来因为这件事，父子之间的关系降到冰点，儿子从此不再理会父亲，也跟妈妈生了很久的气。

原来孩子在岛内一直跟妈妈一起睡，很黏妈妈；太太也因为先生不在，就更是以儿子为重心。来到法国的第一夜，生疏的环境让孩子很没有安全感，爸爸完全无法理解，却以常理认为孩子要像个男人。殊不知在孩子心里，爸爸变成了抢走妈妈的人。

这样的情绪是可怕的，在情感上，孩子感觉自己被遗弃了。仅仅就隔着一道门，但他害怕，完全没有安全感，他深深地相信自己是个“不值得被爱”的人。

这个无价值感的创伤变成了讨爱凝滞点，他无力对付巨大的父亲，于是转而向内攻击自己，自暴自弃。于是，孩子将自己变成了让父亲感到痛苦难过的自我状态，来惩罚父亲和母亲。

这个在大人不经意间发生的令孩子丧失安全感的生命故事，令人唏嘘。接下来让我们从讨爱依恋的角度来谈谈生命里跟生存息息相关、含有温暖回应的关键——安全感，在温馨的家庭关系中把爱找出来。

鲍尔比（Bowlby）提出的依恋理论（Attachment Theory），强调人类的安全依恋关系，深刻地描述了亲密关系的关键，即关于情感联结的生存安全感。

依恋理论关注人类情感的形成与发展，对心理学产生了巨大影响，使 20 世纪末至 21 世纪初心理学界从完全投注于认知发展观，转向探究人类情感的发展。人类情感这一主题，也确实成为当今心理学界研究人类发展与人格的焦点之一。

鲍尔比的依恋理论，洞悉了人与人发生情感并产生情感联结的最初形貌。而我们知道，对生命而言，家庭中的父亲与母亲是情感联结最初发生时最重要的主角。这一理论尤其包含了鲍尔比对母爱的渴望与依恋深情。

鲍尔比与“母亲”的联结

鲍尔比会提出依恋理论，是源于自己的切身之痛。

鲍尔比来自伦敦具有很高社会经济地位的家庭。他的父亲是一位王室外科医师，没有多少闲暇时间与他相处；母亲则深信当时的社会风气，一年到头每天只跟鲍尔比短暂相处 1 小时，以便让孩子独立，不黏母亲。

母亲还聘请了保姆照顾鲍尔比，可惜在他 4 岁时，保姆离开了。7 岁时，鲍尔比被送到寄宿学校，当时他向母亲强烈抗议却无效。

鲍尔比后来说，必须与“母爱”分离是自己人生中一个非常大的伤痛体验。而保姆离去也是他的伤痛事件。当时的社会氛围和价值观，使得妈妈与孩子相处甚少，保姆则是 24 小时照顾他的人，他一直觉得在母亲心中他是不值得被爱的孩子，而只有在保姆心中他才是值得被爱的。

鲍尔比后来在英国剑桥大学取得博士学位，专精于心理与精神分析，最终成为一名精神分析师。回顾自己的人生，他提到父亲的影响对他相当重要。

他认为，他秉承了父亲不畏强权的精神，也跟父亲一样愿意关怀照顾失去父亲或母亲的问题青少年。这群孩子都缺少与父母在情感上的亲密联结，而他因为自己也有过失去保姆的经历，所以能了解这种失去父母之爱的感觉是如何悲惨。

当然鲍尔比的经历也影响了他后来的作为。他在医院担任精神科医师时，极力改变当时“儿童住院父母亲不得陪伴”的制度。

在他担任驻院医师期间，有一位 2 岁的小女孩，在因病住院的两周里与父母分离，没想到这短短的一段时间，竟让小女孩的情绪与行为都发生了剧烈变化。

他详细记录了小女孩的行为，并在美国医学年会上发表了研究报告，结果这件事差一点让他的医生执照被吊销。因为当时的社会观念认为与依恋对象分离不会对人的行为造成强烈影响，反而主张不应该太紧密，就如同他的母亲深信不应该与他亲近一样。

鲍尔比的心里一直有一个讨爱凝滞点，就是妈妈无法陪伴他，而让他觉得自己不值得被爱。他长大后，了解了妈妈不是不爱他，而是当时社会的价值观要求孩子学习独立，妈妈也有妈妈的无奈。而且妈妈也给他请了保姆，寻找好的寄宿学校，这些都是用心爱他的表现。

我们相信，鲍尔比的妈妈在每天仅有的 1 小时相处里一定对他疼爱有加，所以鲍尔比并没有自我放弃，反而能体会有相同情境的人的心理，提出了依恋理论。鲍尔比通过了解家庭亲情的运作是一种社会文化的情感联结形式，看懂了母爱，最终把爱找了出来。

另外，还有两件事促成鲍尔比提出了依恋理论。一是他读到了弗洛伊德的女儿安娜关于战时孤儿院的报告，其中提及，孩童与母亲的早年分离或被忽略的经验，会对他们将来的发展造成不可挽回的不良影响。

另一件就是我们前面提及的哈洛的恒河猴母爱剥夺实验，这是他到斯坦福行为科学进修中心时了解到的，“爱的本质是温暖的回应”的结论，也成为他依恋理论的基础。

所以鲍尔比与哈洛有一致的看法，他认为食饱与性满足不是人与人发生关系的唯一原因，人类有一种本质上的渴望需求，此需求在与人产生亲密的事情上扮演了关键角色。

这也意味着亲情关系本质上也是一种渴望需求，一种对母亲、父亲、血缘亲情的亲近需求。它接近于中国人所称的“孺慕”亲情，指的是对亲情的一种思慕与亲近的欲求。

依恋理论

依恋理论的核心思想主张母亲或者主要照顾者能对婴儿的需要给予温暖回应，让婴儿建立一种安全感，使婴儿的内在觉知自己是值得被爱的个体。

这会影响婴儿对世界的认知，使之相信照顾者是可靠的，从而构建孩子探索世界的安全基地。

反之，如果婴儿没能得到温暖回应，就会有不安全感，内在会觉知自己不值得被爱。

后来，鲍尔比与安斯沃斯（Ainsworth）一起进行了非常有名的实验，以探讨孩子跟母亲（主要照顾者）的依恋关系。这个实验的过程大致是：一对母子待在一起，陌生阿姨（实验助理假扮）来了，然后妈妈默默离开。

这时如果小孩感觉焦虑，想妈妈，表示他是有安全感的。如

果不找妈妈，那就是他跟妈妈之间的联结还没有建立。

结果发现：有安全感的孩子会慢慢理会陌生阿姨，能忍受“暂时分离”，尽管妈妈回来后，他会怪妈妈，但也会再度享受跟妈妈的相聚。

通过这一实验可知，孩子大约分为安全依恋与不安全依恋两种类型。不安全依恋又分两种，一种是焦虑依恋，一种是逃避依恋。

一个拥有安全依恋关系的人有如下三项特质：能与人发展亲密关系、能接受暂时分离、能与亲近的人分离后再度相聚。其中最关键的是“能接受暂时分离”，这表明个体的“我值得被爱”的信念足够强，他相信妈妈离开后一定会回来，相信这份温暖的爱一直存在，不会因为一时离开就消失不见。

鲍尔比的依恋理论中也提到，个体自出生开始，便具有与他人建立关系的动机，这个特质会一直延续到成人时期。这种延续到成人的情感联结方式，称为人际依恋风格。

这种风格倾向是自幼年时期与双亲互动时便建立的，其风格一旦建立便稳定且持久，进而影响到成人时期与他人建立情感联系的互动形式。

每种人际依恋风格所建立的人际互动关系目标不同，导致在与他人相处上会有不同的互动差异。

安全型依恋的人的内在小孩对爱是满足的，觉得自己值得被爱，可以自在地向他人透露关于自己的讯息，对于他人对自己透露的个人讯息也能做出回应，并愿意与他们建立较亲密的关系。

焦虑型依恋的人的内在小孩是慌乱的，不确定自己是不是值得被爱，希望和他人建立亲密关系，却担心他人不接纳自己，所以焦虑型依恋风格的人，在情感及行动上常受到他人对自己评价的影响，因此患得患失。

逃避型依恋的人的内在小孩是受伤的，经常觉得自己不值得被爱，因害怕而逃避，倾向于避免任何亲密关系，缺乏与他人情感交流的动机，这样就可以不被人发现自己是不值得被爱的人。

混乱型依恋的人的内在小孩是矛盾的，有时相信自己是值得被爱的人，有时又感觉自己不值得被爱，想与人有亲密关系，却又不敢太过亲密，连自己都弄不清楚自己到底想要如何，也就无法与他人很好地相处。

情感联结产生安全感

此前提到，每一个讨爱的满足或凝滞，会生成自己的某个“生命脚本”，据此延伸许多“生活剧本”。这些对生命来说，都非常重要。在生理需求满足后，我们的生命存在要的是一种“有情感联结的温暖”。因为生存的环境里，会有很多意想不到的危险，当遇到生存威胁时，生命个体可能需要被保护或者需要争取少数生存权。这时候，当确认自己是“值得被爱”的，生命才能安全无虞地继续存在。如果认为自己不值得被爱，那么就极有可能被自然淘汰。

这样的威胁时时存在于个体的生命里，不仅产生生理反应，也会连带引发心理的保卫机制，于是个体会发展出各种生理与心理的应激方式。这些方式就成了内在生命盒子里牢固而难以觉察的潜意识。

情感的安全联结很重要

这个地球上本来就有许多物种共存，除了大自然的威胁会令我们人类无力抵抗以外，跟物种之间的生存竞争也是一种时刻存在的威胁。有些物种有时可以选择共生、寄生，然而，弱肉强食却是无从避免的生存法则。所以，人类保留很多动物本能，正是为了生存下来。

现在请假想我们回到原始森林的状态，森林里有很多树木、花草，很美，有时清风徐来，通体舒畅，我们尽情享受，然而这里也潜存着危险，不知道何时会有外来的威胁出现。假设我们走在路上，正在享受阳光、空气、风以及芬芳的味道，可是背后突然有动物的声音，转头要看时，却好似有个黑影闪过。这时身体的警觉反应马上升高，不会再有心情欣赏路边风景，因为美的风景对我们的生存毫无帮助。我们会在身体的警觉系统启动后，脑袋里不断出现危险名单，搜寻各种可能的动物，越危险可怕的越先出现在脑海。想到万一是熊、老虎，身体就立刻警觉自己可能会被吃掉。我们知道那是动物的生存本能，是无法通过意识克服的。所以我们要生存，眼睛就会紧盯着四周，时时警觉可能到来的威胁。

相同的道理，除了害怕外来动物的攻击，面对亲近的人的遗弃，我们也会感觉到威胁。我们的动物本能，也使我们害怕在重要的人心中“不值得被爱”。例如，本来妈妈爱我，后来有了一个更脆弱的弟弟或妹妹，那我可能就变成不值得被爱的了。所以，由于时时潜在的危机，好的正面情感对我们的生存意义非凡，这也是一种“亲密需求”。

设想一下，如果我们不在森林里，而在人际丛林里，又会如何呢？白天在外防卫，晚上我们就会回家，到一个安全的地方休

息。这时候我们不再需要时时警觉，我们会开始跟家人有很多情感的互动，我们的内在小孩可以真实呈现，我们会因为温暖的回应而幸福，感觉我们是值得被爱的，于是充满生活的能量。但是，这时候如果感受不到自己值得被爱，就会生成更令人难以释怀的生存威胁！

只有觉察到自己的情绪地雷，破解讨爱凝滞点，才能让情绪顺畅表现出来。表达情绪这件事是对的，但是重点在于“怎么”表达才恰当。在与亲密的人进行情感互动时，我们可以有情绪，也必然会有情绪。但如果因为不安全感而生成了情绪地雷，我们就可能伤害别人，同时也伤害到自己。

不安全感使人焦虑

养女身份是自己贴上的标签

在成长过程中，我们容易将负向经验变成讨爱凝滞点，为自己贴上标签，觉得自己不值得被爱，形成一个受伤的内在小孩，于是失去自己，也失去了生命里对爱的感受。

而贴上负向标签的，往往都是我们自己，也是我们自己将它发展成一种负向情绪，处处投射在生活中我们遇见的人和事身上，讨厌这个人，讨厌那件事。其实真正讨厌的还是自己。

在我刚开始从事咨询工作时，来了一位个儿小小的女孩，讲话声音也是小小的。我认真听她倾诉，却找不到她的问题。在我听来，似乎都是别人不喜欢她，她总是说自己表现得不好。于是我问起她的家庭和感情状况，她说她爸爸妈妈没有打骂过她，可能只是不善于表达关爱；她没有男朋友，也没有要好的同性朋友，她觉得很痛苦，想自杀。

她每个星期都约咨询时间，而且每次都陈述自己想自杀。我给了她我的私人联络电话，她竟常常打来说想自杀，逐渐地，她也变成了我的困扰。

就这样，一学期过去了，到了下学期她没有来约时间，我顿时觉得轻松，竟然没有追踪她的状况。直到学期末，我们咨询老师开当事人讨论会，陈老师提起了她，问我和王老师是否记得。

他说这学生在第一学期找了王老师，第二学期找了我，第三学期找了他，并且每次都说想自杀。某一次咨询时，他偶然发现她是人家的养女，她认为她是父母不想要的孩子，活在这个世界上没有任何价值，而且她说，王老师和赵老师也都觉得她根本没有问题，也不在意她。她说这种种足可证明她的存在是多余的，她是个不值得被爱的孩子。

这件事给我很大的震撼。是啊！原来有人这样到处证明自己是毫无价值的存在，是不值得被爱的啊！是不是我们周围存在不少这样的人，而我们自己却毫无觉察，甚至可能我们内心也有一个这样的自己呢？

我明白，咨询最难的部分，是很多人来是想要你教他如何改变别人，或者托付你来改变对方。很多父母会将孩子带来，说孩子出了问题，需要老师进行心理咨询，我却跟父母说，孩子终究要回到家里，回到现实，是你在跟他相处，如果你不好好调整自己，也就帮不了孩子，帮不了你自己。

无数当事人可能都是这样，他们想要的都是如何让对方改变，而不是自己改变。但我们却很清楚，接纳自己，改变自己，才是让自己好过的唯一方法。

是妈妈不小心贴上“无情”的标签

我的一位当事人叫亦宁，有个叫佑实的男孩很喜欢她，跟她在一起时，光是听她说话就很开心，于是常常在她身边出现。佑实最喜欢的就是亦宁的开朗。一阵子以后，佑实相信亦宁也是喜欢他的。有一天佑实看到一个包包，上面的图案是一个很开朗的女孩，穿着一双淡淡的粉橘色的鞋子，他觉得很适合亦宁，于是买了给亦宁想让她开心。

他告诉亦宁，在自己心中她就是这样一个女孩。不料亦宁拿到包包竟然大哭起来，佑实完全不知如何是好。亦宁躲了很久，佑实心里更是难过，但并不知道到底发生什么事了。

这是不知所措的亦宁走进咨询室跟我诉说的。我静静听着，慢慢地聊，终于知道了亦宁心灵深处的故事。原来，小时候的亦宁住在老家时，奶奶特别照顾她…… 亦宁说：

“奶奶只要去菜市场，一定会买我喜欢的养乐多和糕饼，我很喜欢奶奶。奶奶家有个庭院，小时候我最喜欢在那里跑着玩。但是我很怕那里的一只公鸡，因为它会跑来追我，还会啄我。有一天我被追得跌倒了，大哭起来，奶奶跑过来抱起我，说：‘别怕，奶奶明天把它杀了吃，谁叫它欺负你了！’隔天晚餐桌上真的出现了一大锅鸡汤。我确定奶奶没有骗我，以后那只公鸡不会再来追我了。

“后来我上了小学，回奶奶家的时间也愈来愈少。记得小学四年级那年的一个晚上，妈妈将刚睡着的我们叫醒，要我们赶紧换衣服出门：‘快点起床，奶奶回来了，想要看看你们。’听到要看奶奶，我很开心。但是一回到老家，却看见奶奶静静地躺着，才明白奶奶过世了，我很伤心地哭了。后来妈妈带着隔天要上学的我们回家，当我穿好鞋子时，妈妈却大吼起来：‘你怎么搞的，奶奶才刚过世，怎么穿这种颜色的鞋子？’低头一看，鞋子颜色是淡淡的粉橘色。当时我被妈妈骂得大哭起来，非常难过。”亦宁说：“奶奶这么疼爱我，我怎么可以做出这种无情的事？”

当时或许只是亦宁妈妈自己情绪不好，将这种情绪迁移到亦宁身上，对她大声责备。但是，这样一个“无情”的标签却成为亦宁沉重的情感负担，重重地压着她的真实情感，亦宁因此给自己讨爱的生命盒子贴上了“不值得被爱”的标签。

很多时候，通过对以往感情事件的重新回溯，我们会发现原来许多潜藏的心理创伤，或许就来自幼年时大人无心的一句话。

对亦宁来说，这么多年来对于最心爱的人情感上的愧疚，让她以为自己是个“无情”的人。所以面对心爱的男孩时，她也只能躲起来，害怕佑实发现自己是个无情的女孩。这个当时被妈妈不知情贴上的标签，让亦宁“焦虑”——她不断地检视对方是否会爱这样的自己，担心对方发现后会离她而去。于是亦宁选择“逃避”，逃避与对方亲密，逃避自己对对方的情感。

其实若要真正论起来，可能亦宁与奶奶的感情更深厚。正因为她对痛失亲人的感受是深沉的，以至于无心对细节关照；而妈妈能注意到鞋子的颜色，也许说明她并没有亦宁那样痛楚。妈妈

之所以大骂，可能只是自己心情的投射，或者当时丧葬事情繁多，导致忙乱中的情绪无处消解，只能通过大骂宣泄。

我希望亦宁能释怀，将“自己是无情的人”这个标签轻轻放下，因为妈妈无意为她贴上一个这样沉痛的标签，是亦宁自己不能接受奶奶的离去才如此禁锢自己。我引导亦宁祝福她的奶奶，并重新审视那个深爱奶奶、充满感恩之情的内在小孩。

当亦宁多次了解自己的内在小孩后，她开始接纳和认同自己。她说她很高兴能重新认识自己，她相信这些属于她的优点或缺点，在不同情境下会有不同的解释，但其实都是她的特点。

后来，亦宁终于能自己走出去，再度与男孩见面。由于内在小孩有了新的生命脚本，她便能在安全的情感联结里，自己把爱找出来，知觉自己其实是个“有情的人”。

联结安全感的文化剧本

鲍尔比的依恋理论和马斯洛的需求层次理论，最大的不同在于：马斯洛的心理需求层次完全属于个人内在的心理需求，而鲍尔比的依恋理论谈论的是亲子之间甚至任何人际关系的情感联结与社会文化的脉络息息相关。例如，鲍尔比的妈妈是爱他的，然而表达亲情的方式却遵循了社会文化的价值观。但也是这样，个体才能安然地存在于集体生活中。

我们所要探讨的正是，在中国的文化语境里，讨爱有着怎样的表现，如何讨爱才能产生安全联结。

讨爱是一种文化对话剧本

你是否曾想过这样一个问题：如果你考试得了第一名，人家说你好厉害，你可不可以回答“是啊！我很厉害、很聪明啊！”我想更多的人会这样回答：“是我运气好啦！”

再想想，你今天负责来请我演讲，你应该会说：“老师，久仰大名，听说您演讲很精彩，不知道我们是否有这个荣幸，能请老

师来演讲。”那通常我会回答：“谢谢您的邀请，能到贵单位演讲是我的荣幸。”

可是，如果我回道：“您听说的是谣言，其实我讲的很差。”这时候你一般会说：“哪里，老师您太客气了，我知道老师的演讲很精彩。”那如果你不这样回答，反而说：“老师，谢谢您告诉我，原来是谣传啊！那就不好请老师来了，怕会被听众骂呢！”估计所有人包括你在内都觉得这太失礼了。

为什么？因为这是一种中国文化里的谦虚剧本，大家都是这样跟着演的啊！每个文化有每个文化的人情往来方式，中国文化里把这叫“做人”。即使你真的很聪明，很有实力，不免还是要谦虚一下说自己是运气好；即使你真的演讲很精彩，还是要谦虚一下说自己没那么行。

所以，每个人心里都有好几套符合这个所在文化的“对话剧本”，通常能不假思索地说出来。而且很多剧本是在很早以前，早在婴儿期就已经开始，你学着学着，就把它们变成了很重要的生活公式，非这么说不可。

或者你也没想过不要这么说，因为这是你为了生存学会的一种讨爱方式。谦虚剧本、孝顺剧本、仁民爱物剧本、清心寡欲剧本——这些美德剧本，你懂，因此你会隐藏起自己可能不被接受的渴望，因为害怕成为不值得被爱的人。

我来举一个例子，你应该就能了解文化里这些对话剧本的威力。有一次，我想知道一对恋人的亲密信任到底有些什么样貌，就开始寻找相关文献。结果，认真阅读一些英文期刊论文后，我发现论文所讲的与我们日常生活格格不入。

例如，他们有一道题讲：“如果我的爱人在跳蚤市场卖东西，他不会因为我是他女朋友，就算我便宜一点。”因为欧美国家是个人主义文化，他们很注重人格的一致性，就是不论是谁，都要一样，不会徇私，他们认为这样的人才可靠，足以信赖。

但是我们属于集体文化，尤其中国文化里的家族主义注重家人群居的和谐相处，所以重人情与面子，我们认为知道进退合宜、里子面子都做足的人才可靠。在中国人的概念里，既然是我的女朋友喜欢，当然马上送都来不及，怎么可能算钱。

我们假设，你是帮你的爸爸卖东西，尽管在跳蚤市场卖，这东西却还是很有价值的，因此你很想按价卖给女朋友。于是，你实话实说。结果你女朋友付了钱，心里却开始起疑，会思考她在你心里是不是重要的人。这又是为什么？因为中国文化里的对话剧本，早就说明答案——越是重要的人，越要特别对待。我们会依据人情的不同算钱，所以跟自己没有人情往来的人算实价，而对于亲爱的女朋友，当然无价奉送。

这样的文化剧本是完全不同于西方文化的。所以，不是你心里怎么想就可以怎么表现，其中有很多心理的迂回与纠结，而这样恰恰更容易陷入讨爱勒索的情境里。因为如果你表现得不符合文化的要求，就会被贴上不“值得被爱”的标签，连自己都不爱自己。

中国人的家族主义：称兄道弟重夫家

讲到中国文化，一定要提到我们文化的特色——家族主义。

中国人特别重视家庭，祖宗十八代，代代相传，老子在儿子之上，祖父在老子之上。这样的家族主义，造就了“家人是人，外人不是人”的通俗文化现象。凡亲近的人，一定要拉来当家人。

所以不同于美国人彼此直呼其名，我们习惯称兄道弟，并在前加上姓，例如林兄、赵弟，我们的学校里也有叫学长、学姐。这些称谓在西方语系里都没有直接对应的词句可供翻译。

有一次，我听到这么一件事，觉得很有道理。有人说，在市场孩子走丢了是常有的事，因为妈妈会太专注在买东西上。孩子走丢后会紧张害怕地哭起来，并且一直喊“妈妈”，结果每个听到的妈妈都会回头。所以，以防万一，要教会孩子叫妈妈或爸爸的名字。

于是我就教孩子叫我们的名字。我婆婆听到以后很生气，说孩子太没礼貌。我们几番说明，婆婆还是不能接受，我们只好取消了这个行动，让孩子叫回原来的“爸爸”“妈妈”。因为在我们中国人的家族权威观念下，父母是长辈，怎可轻易直呼其名?

我们都知道，在中国传统文化里，婚后女人是冠夫姓的。有人会说美国这么民主的国家，还不是冠夫姓，甚至连自己原生家庭的姓都不要了。其实这说法是不对的。在美国，之所以女性婚后直接改用丈夫的姓，是因为户口管理的需要——住同一地点的人，都用同一姓氏。又由于个人主义的文化，美国女性婚后依然保有自己的名字。

然而，冠夫姓在我们中国文化里却有着很深的文化意涵。“冠”的意思是戴帽子的戴，是在自己的姓上面再“戴上夫家的姓”。我的爷爷叫赵方善，我的奶奶叫赵耿氏。我的奶奶在自己的姓“耿”上面再“戴上”夫家的姓“赵”，然后奶奶在结婚前的小名就不见了，只剩下原生家庭的姓氏。也就是说，她做任何事，一定要以赵家为荣，不能让耿家丢脸，完全没有个人了。这是中国文化很讲究光宗耀祖、光耀门楣的表现。

中国文化重视的是，个人对于家庭的忠诚。但是，后来我妈妈结婚后，虽然在她的姓名之上冠上夫姓“赵”，她的名字却依然保留。而我完全就是只有原来的姓，没有再冠上任何人的姓。随着时代发展，我们已经有了改变，个人得到更大的尊重。然而，文化特色还是保持着它特定的有效性，因为那是祖先能够生存下来的仪轨与智慧，对后代子孙仍可能是有益的。

孝顺！千万莫顶撞

关于中国文化的家族主义，我再举个我刚结婚时的例子。我先生很喜欢吃螃蟹，我婆婆会打点活螃蟹让我们带回家吃。有一次，我婆婆要公公问我，每次带回去的螃蟹，都是谁杀的？我马上指着先生说：“都是他，我不敢。”婆婆听完马上说：“杀生要下地狱的，你是爱他的老婆，你怎么可以让他杀？”

这也是一种文化对话剧本，婆婆对媳妇的教训是因为同一个男人——婆婆的儿子、媳妇的丈夫。要以他为天，以他为贵，连死后他都要上天堂的。而我们这些女子是卑贱的，要以夫家为荣，不能丢夫家的脸。

让我们来演绎一下。我会尽我当王家媳妇的本分，不会顶撞婆婆，因为不敢“冠”上“大不敬”“大不孝”的罪名。我虽然

没有回答，但是心里很不爽，觉得这个老太婆真不厚道，为了让她儿子吃好吃的螃蟹，竟然要牺牲我“下地狱”，还勒索我，说我爱我先生就会为他牺牲。我心里还暗暗埋下复仇计划：“等你老了就知道，我一定让你好看”。这时候，我脸上的表情一定不是太好，说不定还可以看到微微咬牙切齿的样子，并且会站得离婆婆再远一点。

但是，如果我细想一下，那以前都是谁杀螃蟹呢？答案是婆婆。我会惊讶地想：“天啊！婆婆很爱儿子，早就无所顾忌，慷慨就义，已经准备下地狱，让吃了鲜美螃蟹的儿子上天堂。我不过是看到一个很爱很爱儿子的母亲，比起这位老人家，在爱他儿子这件事上，我差得远了。我也好想让婆婆爱呢！”于是我就会说：“妈妈，原来这样喔，当你儿子好幸福，你真的很爱儿子呢。”然后脸上挂着微笑，去拉婆婆的手。

你觉得哪一种状况会发展出好的婆媳关系呢？大家心知肚明，是第二种状况。第一种状况让人不舒服，那是因为我认为婆婆对我讨爱勒索，她要我基于爱先生就牺牲自我下地狱。实际上婆婆是在讨爱，用文化对话剧本讨爱。婆婆想借由这样的提醒让我知道，这个家族是王氏家族，我跟她一样，都是外来人，我们要记得一切为王家人而活，借此彰显她已经“媳妇熬成婆”的人生阅历，以及她那大气的爱儿子的行为。

这样的讨爱勒索，只会让人误读讯息，从字面上认为婆婆思想“封建”，却看不到讨爱的本质，于是默默地怨恨着，这时候我的心理是深刻地觉得我不值得被爱。

第二种状况是我看见了婆婆的讨爱，说出来让婆婆知道，并且我也想要跟婆婆讨爱，但是不想用勒索的方式。所以我从婆婆的感受出发，理解了她的心理，肯定她的家族大爱，并且让她明白我跟她的立场是一样的，这样婆婆就能感受到她在我心里是值得被爱的，于是她就会爱我，我就能讨爱成功；而这时候，我的心理也是能感觉到自己是值得被爱的。这就是一种情感上的安全联结，帮助我们把爱找出来。

我们一定都可以讨爱不勒索，那更好的方法是什么？我认为可以从文化里找答案。就让我们从讨爱开始，一起把爱找出来，不管爱是在硬邦邦的石头堆里，在很远很深的高山里，在随波逐流的海浪里，还是在深埋地底的地雷里，我们都要把它找出来。

中国人的讨爱有一套

如果我们了解了文化这个前提，也就知道一定有些不同的人际情感联结方式，那么我们的讨爱文化也一定不同于西方。

很多人认为，我们从事心理咨询的人都很能解决生活困难，应该生活得很好。而且，中国文化常说“有容乃大”，所以人们认为我们这种从事助人行业的人，当然有绝佳的爱心，能包容所有的误会与冲突。

跟我先生结婚以来，我就常常觉得自己被迫陷入这种文化对话的剧本里。有一次我跟我先生有争执，语气上显得不耐烦，听起来像生气了。我先生说：“你是学心理咨询的，怎么可以跟人吵架？你应该‘有容乃大’啊！”我爱他，我学心理咨询的，还在帮助别人解决心理问题，我一定是有容乃大的人，而且他是夫君，“夫”字是出头天，夫君是我的天，当然我就应该委屈自己，听他的，是这样吗？依据中国人的文化对话剧本，我应该“俯首称臣”道：“夫君教训得是，愚妇记住，定当好好服侍，不敢怠慢。”

但是我想了想，我先生说的这句话有语病，因为他不是我的咨询对象，我并不是正在跟他做心理咨询。他是我的夫君，大丈夫顶天立地，岂能与“愚妇”计较？“当时夫君言说，我才貌兼具，上得了厅堂，入得了厨房，夫君是因为本女子的美德与美貌而娶。”我跟先生说，“如果夫君想要获得和咨询对象一样的对待，请夫君付费约谈，当我的个案对象。”

本土文化的确会塑造一个民族的文化适应行为，中国人的讨爱有一套文化对应体系，所以我们就可以“以其人之道，还治其人之身”——夫君要我“有容乃大”，那么我就还回去，说夫君更应该“有容乃大”，这样就不会在讨爱里被困住了。正所谓“礼尚往来”“以礼相待”，我们也要在文化里解决人际困境，因为谁都值得被爱。

用牺牲包装讨爱

我们往往为了被赞同就模仿父母的行为，将自己摆在“值得被爱”的位置上，使讨爱得到满足；而面对不被赞同的行为，则认为自己是“不值得被爱的”，就有了“讨爱凝滞点”。

假设我们从出生起，为了生存，大家都携带了一个生存芯片，那么对父母行为的模仿，就像是人类设定的基本程序。从小为了好好生存，植入的芯片程序在原生家庭启动，然后不停运作。一方面可以取悦父母，追求被认同，生成安全感；另一方面可以逃避被排挤和不认同，避免失去安全感。所以我们不敢随意更改自己的行为，害怕一不小心就变成“不值得被爱”的孩子。

于是，我们从模仿中习得父母表达爱的方式——牺牲，并用牺牲来包装爱。

我有一位当事人朋友，相当有成就，但他曾有一段失败的婚姻。他提起过让他痛心的第一段婚变：在他离家去别处任职期间，自己实在太忙碌，以致夫妻间彼此疏离，妻子有了另一段感情。由于我这位朋友是公众人物，这个事件让他作为男人很没有尊严，但他仍然愿意挽回婚姻。他说，回顾自己的人生，他最爱孩子的时候，正是竭力想挽回他的婚姻的时候。

是的，这个心思令人感动，也了不起，他愿意在自己不被爱的同时，牺牲自己最沉痛的一面，将爱找出来给予孩子。然而，这也正是他作为父亲“用牺牲包装爱”的行为。那么，这种伪装的讨爱还有哪些表现呢？

关于用牺牲包装爱的文化剧本，我们将从“吃”谈起。故事从四颗贡丸开始。在我小的时候，贡丸很贵，这种非日常的食物，通常是我爸爸特意买来给我们四个孩子吃的，大人则无权享用。我曾经听到妈妈在餐桌上半开玩笑半抗议地说：“为何我辛苦工作却没有（贡丸）啊？”后来，爸爸会买五颗贡丸，只是自己依然没有。

那个年代，我们心里知道，单靠爸爸一份薪水，父母要养我们四姐妹很辛苦，物质上没有多少享受，因此我们吃着贡丸，心中充满感恩。我们从父母的自我牺牲里感觉到他们浓浓的爱。

现在我说起这样的故事，我的学生虽说很有感触，但感触的点已经不一样了。一个不同在于两代父母的节省内容。例如，现在他们的家长不是节省着买贡丸，而是愿意出很多钱，甚至是省了大半辈子的钱，让他们去旅游，可是自己却舍不得用。

另一个不同则是，现在的孩子认为爸爸妈妈会讨恩情。他们能举出大大小小类似的例子，像是“我又没有要他们这样做，他们也可以有啊？”

我的一个学生说，当初他的妈妈去了台北，他爸爸带他妈妈去吃面，叫了两碗阳春面，只给妈妈那碗里加了一颗卤蛋，然后爸爸还特意跟妈妈说这是省吃俭用才能请她吃的，当时妈妈感动到嫁给爸爸。那学生说他妈妈好笑，多一颗卤蛋就能将自己卖了。可是生在那个时代的我们都知道，能吃得起阳春面已经很好了，还要省出钱加个卤蛋，那真的是自我牺牲、令人感动的爱啊！这个时代的孩子哪里能懂！

其实，我要问的是：牺牲，是一种爱吗？那为何我这一代看到父母的牺牲觉得感恩，下一代却不但不领情，反倒觉得沉重？

我列举这几句话，大家听听是不是耳熟呢？“我天天这么辛苦工作，就是想给你最好的，现在你却用这种成绩回报我，我太失望了。”“以前我大学没去读，就是为了照顾你，现在你有成就了，就把我踢到一边，不愿意亲自照顾我，请什么菲佣，我的牺牲太不值得了。”“以前只要爸爸打你，我就过去保护你，现在你大了，竟然还站在他那边，你应该去骂他啊！想到你竟然不知感恩，我死了算了。”这些父母口中的牺牲都好像是在“讨恩情”，是一种对接受者的爱的绑架与勒索。

那为何父母要用“牺牲”包装爱呢？因为生命的生存模式常表现为“模仿上一代的行为”。这样的模仿可以取悦自己的父母，得到他们的认同，从而觉得自己是“很值得被爱的”。然后，个体就在自己的生命盒子里紧紧地、小心翼翼地守护着“自己是值得被爱”的安全感，并慢慢将它变成了自己生存的“生命脚本”，

在生活里演变出各种生活剧本，形成一种“我是为你好”的心态。

“我是为你好”是有负担的爱

让我们来假设一下，在你从小生活的家庭里，你会有一些行为是跟大家一样的，有些可能是不一样的。例如，餐桌上的红烧狮子头刚好一人一颗，你却偏偏拿两颗吃。

当你做了不一样的行为时，会被认为怪异甚至被排挤，这会让你难过，心中觉得自己“不值得被爱”。于是，你就不再重复那个不一样的行为了。

基于天性，为了避免被排挤，你观察并且学习，希望能取悦父母，那么最好的方式就是跟父母行动一致。这样很容易得到认同，将自己摆在“值得被爱”的心理上。由于你屡试不爽，于是不断通过模仿他人的行为来取悦他人。

正是因为那个不一样的行为，你被排挤并感到难堪，心里就形成了“讨爱凝滞点”。由于一直存在害怕不被爱的心理，于是你改换行为，用模仿别人都赞同的行为“包装自己”。这个被赞同的行为一直重复，就成了自己的习惯，盖住了自己的本性，而真实的爱也被埋藏起来，甚至连自己都忘了！

我的父辈生活的那个年代物质贫乏，无法让大家都吃到好东西。我那一代人理解当时的境况，心里会感激父母的牺牲。而现在，社会状况大有改善，物质丰盛了，我们仍模仿父母的方式对待孩子，认为这样就是表现爱，可能就不合适了。

我们没有仔细想过，我们的行为已经无法让受惠的孩子，从当下的社会情境里读到感恩，有时反而令他们觉得沉重。于是，你只能跟孩子解释说：“相信我，我这样做都是为你好。”这是一种生存的“生命脚本”。

我先生 60 岁了，他的行为跟赵亿是一样的，依然常常牺牲自己来表达他的爱。有一天中午，我先生要煮花枝面（花枝，乌贼的别称），我在一旁洗大白菜。我看到他竟然将两只花枝的身体炒了，却将须和其他部位留着。他的理由是我明天要去学校，他可以炒来自己吃。我说：“我已经说过很多次，我喜欢吃花枝的须，而且我很不喜欢你这么做。”

我对此抗议，因为我觉得这样分开吃会很不舒服，为何不能大家都有，而要牺牲自己？每个人讨好别人，一心就只专注在“自己”身上，从来很难站到别人的角度去想。

我先生听了，明白了我说的“不舒服”，是不喜欢自己有好吃的，别人却吃着比较不好吃的部分，有种让别人牺牲的沉重感。于是他让我拿出须的部分再煮，我取出一半，并且收起一半已经炒过的花枝身体。虽然先生曾说炒过的不适合放着，但他竟然不生气，还很温和地任由我收起来。我其实很谢谢他读懂了我的爱。

在取悦别人的心理下，我先生认为花枝的身体是最好吃的部分，便特地留下来给我，这是他表达爱的方式，但他却从来没有听进去我说的，我的诉求他一点也不熟悉。所以，即使我已经明确告诉过先生很多次，我最喜欢的是花枝须，先生仍然给我他自认为最好吃的部分，说“我是为你好”。这其实就是没有思考他人真正需要的，而仅仅是为了避免自己不值得被爱，他只是用牺

牲自己来表达爱。

回到亲子关系上，一般而言，父母总会想要给孩子最好的，无论是孩子的现在还是未来，都想安排一条最安稳的路，让孩子能够面对最少的伤害。但是，并不是所有的安排都是恰当的。

孩子是有着属于自己的感受的个体，会想要选择属于自己的人生。但在社会中，父母通常都会觉得“我是为你好，你怎么不懂呢？”这应该是想法间的代际落差吧！有很多孩子确实都有这样的困扰，他们不能体会什么叫“我是为你好”。我来举几个例子。

有学生曾经这么说：我以前常常觉得我妈处罚我是很不合理的，常常是她心情不好就把我犯的错误放大，加倍处罚我。印象很深的一次是，我把茶壶放在车上忘记带下车就被她打。还有幼儿园时因为不敢上学校的公共厕所，所以选择不喝水，把装满水的水壶带回家，回家后也被妈妈毒打一顿。小时候，我妈从来不想了解我真实的想法，只要我做的事情不符合她的标准，就是先打再说。而那时碍于她是握有权力的长辈，我也不敢反抗。虽然我现在了解了当时妈妈心里的苦，但还是没办法合理化她的行为，就更注意提醒自己要时时反思自己对待孩子的方式。我妈处罚我们几个孩子时总会跟我们说：“你们以后就知道父母的用心良苦。”但其实我现在已经为人母了，却并没有觉得她是为我好才那样处罚我，有很大一部分她是想发泄自己的情绪罢了。

另外一位学生是这样写的：当时爸爸常说“我现在惩罚你，等到你长大之后，你一定感谢我”，事过多年之后，我问过身边的朋友，真的有人会感谢以前惩罚过你的父母吗？我得到的回答是，从来都没有感谢。他们大多是说“我到现在还是不喜欢”，甚至有人说直到现在还深深地痛恨。

后来我在一个讲座中听到这样的观点：不要去感谢那些曾经伤害过你的人。如果你感谢他，他会认为他的方式是对的，之后他就会用同样的方式去伤害别人。

解开“牺牲”外衣，找出真实的爱

记得有次上课，我说道：“爸爸妈妈的世界就这么小，他们只能将自己认为最好的给你，那是他们能想到的最多的爱了！”一位听课的研究生竟然泪光闪烁，分享了他的故事。

他说他在乡下长大，爸爸妈妈很高兴他能读这么优秀的大学研究所，欢欢喜喜帮他搬进学校宿舍。那天看见爸爸妈妈要离开，他有些不舍，都快哭了，他想起自己的家、自己的房间，说如果这里也能有家里那样的电脑桌就好了，因为那桌子的底下，有一个小地方可以放计算机键盘。

过了一个星期，个子矮小的妈妈出现在他的宿舍外，扛着一张新电脑桌来，就跟他家那张电脑桌一样。他看见时好生气，对着妈妈大声说：“这宿舍怎么可能放得下？”何况那是乡下很简略的桌子，他觉得丢脸，硬是要妈妈拿走。于是他妈妈又扛着那张桌子离开了。

说到这个故事时，他想起妈妈的背影，眼泪不听使唤地掉了下来。没想到这一堂课里，我不经意的一句话，竟然让孩子想起了爸爸妈妈口中的“我是为你好”，当初听不进去，如今却深受感动。

有时候我们会发现这样的现象：因为看不到子女的“感恩”，父母便用牺牲和索取的方式来包装爱，并演变成后来的“讨恩情”。所以，我的结论是“包装”的情感不好！

那么“包装”讨爱有什么问题，如何才能从“牺牲”的生命脚本转变为“爱”的生命脚本呢？我将通过三个故事，探索“包装爱”的潜在心理，以及更好的爱的表达方式。

晴申掀裙子是在向妈妈讨爱

晴申的爸爸妈妈因为太忙，就将晴申送回乡下请她的外公外婆帮忙带，直到她 3 岁能读幼儿园了，才接她回来。晴申妈妈觉得很亏欠晴申，同时也很开心一家人再次团聚，便带她去买衣服，还帮她买了很可爱的 Hello Kitty 图案的内裤。但是晴申常常在人前掀裙子，露出内裤，让妈妈几近疯狂。

晴申妈妈认为可能是因为她将女儿放在乡下，女儿心里怨恨，所以这样报复她，让她在众人面前丢脸。她说，不管好好跟女儿讲还是处罚，都不能改变女儿的行为。

我请晴申妈妈回述一下当时帮女儿买裤子回来的情景。她说，她帮女儿穿上刚买的小内裤，并且说“给妈妈看”，女儿便将裙子掀起来，露出她可爱的小内裤，她很高兴，笑着夸宝贝很漂亮，将女儿搂进怀里。我又请她仔细想想当时女儿的表情。她说女儿笑得很开心，并且整个脸都埋进她的怀里，她感觉到女儿很爱她。

我说：“你再回想下，当你后来很生气打女儿时，女儿怎么了？”她说女儿好像很害怕地站着，一直哭。我问她，这时候女儿跟她说什么。她说女儿一边哭一边说“妈妈讨厌我”。女儿哭诉：为什么买内裤那天她也掀裙子，妈妈说爱她，今天却打她。

还原情景后，晴申的妈妈哭了，她不知道原来女儿还小，没办法分清楚在房间和在外面掀裙子的不同，是她错怪女儿了。她终于明白原来女儿是这么渴望被她爱。

晴申的妈妈只看见女儿掀裙子的行为，就以逻辑推理出女儿的内在动机是报复她，于是“责怪”女儿让她难堪。但其实，她是为自己将女儿送回乡下而愧疚，觉得自己在女儿心中不是好妈妈，一定是不值得被爱的，所以有了讨爱凝滞点，形成了自己“不是好妈妈”的生命脚本。

很多时候，我们都无法进到我们的内心，去关怀那个内在小孩，不明白是我们自己以为自己不值得被爱。就像晴申的妈妈一样，以为是女儿怨恨她，不爱她，才来故意掀裙子气她，事实却是作为妈妈她以这个生命脚本自己创造了“不值得被爱”的生活剧本。

当晴申妈妈往自己内心检视后，知道了是自己的讨爱凝滞点在作祟，重温母女最初的亲密时刻后，她明白了女儿是爱她的。

失去自我的爱，也是一种勒索

那些无法领受“我是为你好”的孩子，想要的来自父母的爱，是希望父母不要过多地干涉他。但这句话同时也可能让孩子产生一种心思，觉得“我很糟糕”，“什么都不是”，于是，变成找不到自我的人。

例如一个叫理安的男孩，他交女朋友非常认真，每次都会先

了解女孩喜欢的活动，为女孩提前安排。第一位他心仪的女孩喜欢看星星，于是他阅读了很多天文学相关的知识，观察星空，认真学习操作很精密的仪器，只为了带女孩看星星。第二位女孩喜欢去剧场看剧，他便研究剧场，了解剧场生态，并且上网找出所有值得带女友去看的剧场演出，只为了讨她欢心。第三位女孩喜欢爬山，他买齐装备，学习求生技术，规划登山活动。后来他规划了登玉山的活动，高兴地去女友住处邀请她，却看见她牵着一位男士。

他跟我说，当他正要登最高峰时，他的感情却从高峰掉到谷底。不过，虽然他每次都留不住女友，现在他却有了十八般武艺。我听了都动容，真希望如果自己还年轻，也能遇到这样的男友。但是，我知道他很伤心，所有情感都付之流水。我也看出了其中的危机，因为在理安的感情里，只有女友，没有自己的位置，可悲到让我心疼。

在理安跟前女友相处的过程中，我们并没有看见爱的勒索，但却有明显的讨好行为，理安讨好每一位女友。然而，为何他付出那么多，却得不到女孩的青睐呢？

我问了我的女学生们，得到的答案都说，她们会很担心，不可能有人一辈子都这么好，如果结婚后露出他的本性，那很可怕，自己也会无法接受。还有人直接说，她还不起这样的付出，甚至担心将来变成讨爱勒索，她不想欠下这样的人情债。这听起来很有智慧，但也可能只是人类早就具备的生存本能。

我想起我先生的一位同事，他拥有几乎所有的优势条件——博士学位、长相英俊、礼貌稳重、在公立大学教书。很多人帮他介绍对象，但他一定要将女方惹到生气不可，这让那些介绍人很没面子。直到有一天他结婚了，答案才被揭晓：原来他一定要看到那个女生最生气的样子，这样才知道他往后能不能承受，如果可以，他才愿意与对方相伴终老。由此，我也常常提醒自己，失去自我而与别人相爱的不实情意一定会被看穿，因为我们的内在都有一个心智之眼。

我清楚理安背后的故事。理安10岁时，他父亲忽然发生一场致命的车祸。当时的理安还是小孩，无法理解到底发生了什么，就对父亲说："你不要懒惰，要起来赚钱。"父亲知道自己不久于人世，情急之下，出手重重打了他一巴掌。因为他担心的就是理安口没遮拦，将来会遇到更多挫折，所以要他闭嘴少说话。

不幸的是，父亲忽然过世这件事，成了理安心中永远的痛。小小年纪，面对生离死别，有的是遗憾、悔恨与不解，这样的讨爱凝滞点很沉重。他心里有个声音无数次在说："我跟爸爸讲的最后一句话不该是这样，我是个很糟糕的人，没能让爸爸安心。"于是，他在讨爱的生命盒子里牢牢贴上了一张"我不值得被爱"的标签，也因此有了严重的口吃，在重要关头无法顺畅地表达。

虽然经过语言治疗，他已能做得很好，但是这个讨爱凝滞点依然禁锢着他，使他一点儿也不爱自己。情感里的自卑让他习惯于讨好别人。而以这样不爱自己的情感心理与人相恋，是会让对方不自在、有负担的，如果再计较起付出来，就很容易变成讨爱勒索。

在亲密关系里，有些人能自在地爱自己，并与别人以爱联结，有些人却不惜忘了自己，只为了想让别人感到爱而活。我觉

得保持自我的人，才能真正拥有长久的爱，因为这样的人既认为自己是值得被爱的，也能带给别人“值得被爱”的感受。

将“创伤记忆”扭转成“爱”的脚本

如果我们能让自己看见爱，自然就不会再觉得自己是心灵受伤的人。很多时候，我们有了困扰，感到孤单、受伤、不被爱，却不知道如何跟自己的内在小孩对话。其实透过往事，我们可以知道自己是多么值得被爱。

明亮是一位 30 岁的未婚男士，在他 6 岁时他的爸爸因为车祸骤然离世，是他妈妈将他和妹妹拉扯长大。他很感谢妈妈的辛苦付出，从没想过要离开妈妈。但是，已经与他谈婚论嫁的女友却怎么也不愿意跟他妈妈同住，连住在附近都不肯，一定要两人搬去另外一个城市。明亮处在矛盾的感情里。

听完生命脚本这个概念，他说他的脑海里隐隐约约浮现一张约 3 岁小孩子在街头哭泣的照片。小男孩手上拎着一包透明塑料袋，装着几颗美国五爪红苹果，脸上满是泪水，正在抗议为何把他一个人孤单地丢在街头！明亮告诉我:“这是我小时候的一张照片，我问过母亲为何放任我在街上哭泣，母亲的解释是当时想要捉弄我，所以和父亲串通，趁我不注意时偷偷躲在街角，让我找不到他们。才一小会儿，我就开始放声大哭，后来不管他们如何安慰，我都哭个不停，他们索性把当时哭泣不止的我用相机拍了下来。

“之后 6 岁时，面对父亲因为车祸骤然离世，现在回忆起来，跟照片里的自己一样，我在那时也是有一种被遗弃的感觉。这种感觉，或许让我在亲密关系上产生了一种莫名的抗拒，因为害怕有一天会再遭遇这样的情境。这种感觉很难受、很无助、很恐慌！我分析我自己不是没有热情的人，可是每每在要付出感情时，就会没有勇气跨出下一步，总觉得自己是不值得被爱的人。”

明亮说出心声后，我告诉他，这何尝不是妈妈的一个生命脚本，她根据这个生命脚本，描绘出剧本来试验儿子，而小明亮不小心进入了妈妈的剧本！

普天下的妈妈都想知道儿子黏不黏她，有没有很需要她，于是喜欢“测验”。明亮妈妈假装失踪，想看看小明亮会不会惊慌，结果他真的惊慌了，妈妈满意地知道小明亮确实不能没有妈妈。但是，小明亮却受伤了！于是，我跟长大的小明亮说，那就回到过去“把爱找出来”！

经过我们的讨论，长大后的小明亮看懂了，也知道原来是妈妈在跟他“讨爱”，原来妈妈那么想知道他到底爱不爱她。于是这个脚本就有了新的解释，变成了一个爱的脚本。

只要我们能有意识去揭开那些“创伤记忆”背后的秘密，明白了这是我们或者父母在讨爱，就能够扭转“不值得被爱”的生命脚本，把爱找出来。

第 5 章

在公平原则里，把爱找出来

公平是人类的一种本能追求。小昕昕刚刚起床，想要跟才3个月大的妹妹玩。她爬到妹妹身上，可是妹妹哭了，我女儿看到，担心出危险，就大声呵斥她，要她赶紧离开去找外婆。我将小昕昕抱到餐桌边，她一直伤心地流泪，看得我都心疼了。我试图安慰她，说“妈妈必须照顾妹妹，因为妹妹还好小”，想让她心情好起来，但是都不见效。直到我说她是个乖姐姐，会帮妹妹推车子，会自己制作书籍上的图样，她才高兴地跳下来，把妹妹的婴儿床推了出来。小姐姐不好当啊！自从妹妹出生，小昕昕很难适应大人们将心思都放在妹妹身上，难免觉得不公平：她依旧是讨人喜爱的啊，但为何不如妹妹呢？原来不公平，可以让一个小孩如此伤心！而如果大人能看见她的好，让她再度感受到被爱，她就能重拾欢乐。

讨爱里的失去与得到

在生活里，关于爱，我们有很多需要学习的地方。在爱的交流里，有付出，有获得，然而如何衡量，从来都是个无解的问题。只要有人，有情感交流，有亲密关系，就会有谁爱谁比较多的问题发生。本来说好不计较，但是谈何容易，心里不免还是要计较一番，因为付出常常跟“失去”有关，而失去跟生存有关。

所以计较爱的多少，其实是关于公平的议题。假设我付出的比较多，却没有得到相应的回报或者回应，那我就会感到某种失去或失落。而这种失去和失落的感受就是生命盒子里的“我不值得被爱”在发生作用，形成一个深层次的讨爱凝滞点。这当然是我们所不愿意接受的。

那个体要如何去学习让生命盒子里的“值得被爱”发生作用呢？我想，我们可以从人类一种天生的本能需求谈起——那就是公平。

人类的群居生活里有许多本能，是为了让人类这一物种能代代繁衍，例如公平。心理学家为了了解公平对人类的影响，探索了物种习性的由来。我们假想在远古时代，如果有人牙齿坏死，

没有牙医，无法装假牙、吃东西，他就会死亡。那么最好的办法就是有人将咀嚼过的食物喂给他，他就能活下去，这是一种利他行为。当然也可能牙齿健康的人，虽然可以帮人咀嚼，腿却断了，无法觅食，这时候就有人觅食分给他。

群体里的利他与互惠，帮助物种代代繁衍。人类就有着这种物种生存的敏感特质，能时时侦测到付出是否也能得到相应的回报，也就是交流是否达到预期的公平。

当然我们常说“爱不求回报“，但这看起来很不人性，因为凡是不公平，都会使人痛苦，想要让人恢复到公平，这是一种生存之道。

公平理论，一种生存之道

在心理学领域，有个跟公平相关的有趣实验。心理学家找来一群约 10 岁大的小孩，把他们两两分成一组，共 10 组，然后给其中一人 10 颗巧克力，请他分配给与他同组的小朋友。结果 10 组里，拿到巧克力的小孩几乎都只分一两颗给同伴。

实验者接着说：如果同伴觉得公平，你们就可以拿走巧克力，但是如果同伴觉得不公平，那两个人都没有巧克力。结果 10 组的小朋友都说不公平，于是大家都没得到巧克力。

实验者问其中一个只拿到一两颗巧克力的小朋友为什么要说不公平，因为一旦说不公平，他们就连一颗巧克力都没有了。小朋友回答说无所谓，他宁可一颗都没有，也要让对方失去更多。这看起来好像是在惩罚对方，可是不连带自己也惩罚了吗？但这也表示公平的感觉很重要，起码两个人一样都没有巧克力，好过自己很少、对方却很多的感觉。这里不得不提到心理学上的公平理论。

公平理论（Equity Theory），又称社会比较理论，是由美国心理学家亚当斯（Adams）提出的一种激励理论。公平是一种对自己和参照对象（Referents）的付出和投入比例的主观比较感觉。个体通过进行种种比较，确定自己的付出和所获得的报酬是否合理，比较的结果将直接影响今后个体在这段关系里态度的积极性。

公平理论是一个很简要的理论，由四个命题组成：

命题一：人们希望尽量减少成本，并获得最大酬赏。

命题二：团体会发展出一套资源分配的公平系统，遵守规则的人获得酬赏，否则遭到惩罚。

命题三：当人们的关系不平衡时，人们会感到痛苦，愈不平衡，痛苦愈强烈。

命题四：当人们发现关系不平衡时，会企图恢复平衡，愈不平衡会愈努力恢复。

本质而言，人们都是以自我利益为出发点。但是人们很快就学会了要想在社会上生存，必须履行公平法则。所以，如果彼此在关系中获得他们该得的，不多也不少，他们将感到舒适；如果在关系中发生剥削的情形，双方都将感到痛苦。

在刚才的实验中，心理学家给了小朋友们第二次分配的机会，结果，大家都吸取教训，几乎都分了一半给同伴，以便让双方都感觉公平，让彼此的关系处于平衡舒适的状态。

那么，这个心理学实验，对我们理解讨爱有什么意义呢？这个实验表明，公平的概念会根据情境有所改变。

在第一个情境中，小朋友拿到很多颗巧克力并决定给他的同伴时，他可以选择给一半，也可以一颗都不给。对他来说，给同伴巧克力是“失去”他本来拥有的巧克力。而这个心理实验背后有个有趣的机制，即分配巧克力的小孩和不满分配结果的同伴都遇到很糟糕的情境——“失去”所有的巧克力。

这种失去意味着“我在你心中是不值得被爱的”，这关系到我们潜意识里最深层的生存问题——害怕失去。当它呈现在外在世界，就表现为不能忍受不公平。

这是非常关键的机制。当有机会再次分配时，我们可以清楚地看到，这些分配的小朋友意识到巧克力不是他们拥有的东西，才开始考虑如何“得到”的问题。由此，公平的概念得以改变。

小朋友们认识到，给同伴巧克力不是“失去”巧克力的行为，而是为了“得到”巧克力。于是，心理上也从失去的潜在意义“我不值得被爱”转变为得到的潜在意义“我值得被爱”。如此，人在爱里有了安全感，心里觉得平衡，就能感到舒适自在。

失去与得到的天平

失去陪伴，得到伴侣

“失去陪伴，得到伴侣”，这种现象也经常发生在我们的人际关系里，尤其是在亲密的人或者家人之间。

上课时，我会问学生一个假设议题：情侣一起去看电影，如何选片？因为虽然是情侣，双方却有着各自的兴趣与喜好，对于电影类型的不同喜好怎么处置呢？

结果毫无意外，大家的处理方式跟之前提到的心理学实验的第一项结果很相似——宁愿没有“巧克力”，也要在心理上觉得“公平”。例如，自己喜欢温馨剧情片，对方喜欢动作惊险片，所以这次两人一起去看剧情片，下次一起看动作片。

我于是会问：所以对你们来说，相爱就是轮流着相互折磨啊？宁愿让大家都无法每次享受自己喜爱的电影，也要轮流“公平”地获得折磨？这时候同学会惊讶并大笑，恍悟原来大家都以爱之名在折磨对方。

我因为早就知道人这一物种为了生存而生的潜意识，所以懂得不陷入“失去”的公平，而选择“得到”的公平。我会在我先生看他爱的动作惊险片时，不打扰他，将空间与时间都留给他，让他能完全投入观看，我则去做自己的事。而他也会在我看自己喜爱的节目时，将客厅与时段都让与我，他则进书房做他的事。

正是通过“失去”陪伴、“得到”伴侣的公平原则，帮助维持了一段亲密关系的平衡。

失去不洗碗，得到妈妈心

相对于我和我先生，我的一位男同事跟他太太之间的公平又是另一个样式。起先他和太太分配一人轮一天洗碗。可是有些日子会有比较多的碗盘，这时候太太就开始抱怨不公平，认为先生应该连续洗两天才算公平。我同事都说好。可是几次过后，他忽

然觉得很没有意思，到底怎样是多怎样是少？他嫌这样很麻烦，便提议洗碗的工作都由他来负责。

小时候他爸爸跟他说，男人不能进厨房洗碗，所以他记忆中小时候的画面都是妈妈在厨房里洗碗，爸爸从来没有洗过。可是人越被禁止越对所禁止的事情感兴趣，于是他就去厨房帮妈妈一起洗碗，结果妈妈常常称赞他，还会跟他聊天，给他好东西吃。这件事让他本来就喜欢洗碗，因为每次洗碗他都会想起妈妈，而且看着这些脏脏油油的碗被洗得干干净净，他觉得很有成就感，心里很舒服。

在这里，他把公平的评断标准从“失去”（浪费时间，出力气）转成了“得到”（得到妈妈赞美，得到跟妈妈相处的美好时光）。正因为如此，他便主动提议由他承担洗碗的事，以求和太太彼此心理上都能保持平衡。

所以，公平真的是一种主观感受，但是却牢牢地跟着我们的生存，成为一种重要的本能。这也可以解释为何我们很轻易就启动了“我不值得被爱”的生命盒子。

不过，当使用“失去”的概念来解释不公平的感觉时，我们会觉得我们“不值得被爱”，到头来还是无法消弭心中内在小孩的不安全感。所以，如果能转为以“得到”的概念来解释公平，我们就可以将爱找出来，启动“值得被爱”的生命盒子，我们将会有讨爱满足的生活动力，心里平衡舒适，充满安全感。

从公平的得到里，把深情的爱找出来

我常说，如果要求公平，就看不到深情。或许我们需要更了解在本能的讨爱上应该怎么做，才能让彼此的爱处于平衡又舒适的状态。

由于生存危机的影响，我们会不由自主地将焦点放在我们的“得到”上，以至于看不到对方的立场，无法体会对方的心理，更读不到人与人之间的感情。因此，为了有好的感情联结，我们应该突破生存视野窄小的危机感，先将公平摆到一边，眼光放远，衡量一下，到底谁才是我们要长久相伴的人，以及如何做才能拥有深情。

公平要远虑：相邻和睦，深情才能有

我的一位朋友和他表哥一起在林口买了相邻的房子，已经交房。按理说，表哥不应该有他家的钥匙，但是，他去看自己的房子、打算请设计师装修的那天，却遇到表哥家也在装修。表哥不仅用了他家的水电，在他家搅拌水泥，还不曾跟他商量。他很

生气，当初买房时，他让了临马路的这一栋给表哥，为了公平起见，还是讲好一样的价钱，如今表哥却这样对他。在各种事情的累积下，他决定提起诉讼，一告他表哥侵入民宅，二告表哥偷用他的水电。

我认真倾听，并对他的生气表示理解。然后我跟他讲道理：诉讼案都要很久，等判决出来，恐怕连你家的装潢都弄好了，并且很可能你表哥只是赔偿你的水电费，而一案的律师费却要花费十万以上。更重要的是，官司一结束，律师跟你成为陌路，你表哥往后却是你的邻居，一旦上法院诉讼，你们将成为敌人。你是要跟敌人成为邻居，还是跟亲戚成为邻居呢？相处要长长久久，和气很重要，你这样做一点儿都不值得。

朋友听了以后，觉得很有道理，决定不告了。他也想起他和表哥决定买在一起，是因为以前他们相处愉快，表哥的父母就是他的姑妈和姑丈也对他很好。后来，表哥事后也来谢他，给他很多装潢的信息，也给了他许多家庭用品呢。就这样，当我的这位朋友从要求不“失去”公平，转为“得到”的公平，他跟他表哥之间也变成了心理平衡而舒坦的关系。

公平要主动：展臂拥抱，深情才能有

我儿子还小的时候，有一天问我，如果他和妹妹被绑架了，我们会花多少钱赎回他，又会花多少钱赎回妹妹？他会这样问是因为爸爸只亲妹妹，都没有亲他，这让他觉得爸爸比较爱妹妹，不爱他。并且，他说他都会帮着提东西，提得比妹妹多很多，可是爸爸却不抱他，他觉得不公平。这是事实，因为我先生觉得“女生抱女生，男生抱男生”是很奇怪的事情，所以他只抱女儿，不抱儿子。

虽然我会刻意在爸爸抱妹妹时，抱抱儿子，但没想到儿子还是感到受伤，认为他在爸爸心中并不值得被爱。于是我跟儿子说：“你是不是很难过，觉得爸爸比较爱妹妹，不爱你？如果是的话，那你就误会爸爸了。”

由于儿子喜欢玩具汽车，我就趁机对他说：“你数数看，爸爸买给你的玩具汽车是不是比妹妹多很多？爸爸买给妹妹的芭比娃娃可比你的玩具少耶！你看，你的衣服也很多，不会因为你是男生而拥有的东西比较少吧？还有，很多东西是你用过的才给妹妹用。”他说：“也对喔！”

接着我又说：“爸爸告诉我，他说他觉得妹妹比较爱爸爸，你比较不爱爸爸。”儿子问：“为什么？”我说：“你看，妹妹都会自己跑过来抱爸爸和我，可是你从来不会主动抱我们，你是不是不爱我们了呢？我们觉得伤心啊！”儿子说：“没有……没有……我很爱你们的……”

当我讲完后，我就抱抱他。结果，要睡觉前他跑来说：“妈，我来给你抱啦！”那动作说明他相信我们希望能“得到”他的爱，并且他相信在我们心中他很值得被爱，于是他有了安全感，有了爱的满足。

公平是需要：明白父母用心，深情才能有

同在一个家庭里生活，很容易产生不公平。我有个很优秀的研究生其云，不仅成绩亮眼，人也长得漂亮，我觉得她很聪慧。她曾经在课堂上分享过一件事，让我觉得有趣。

她是个好强爱争的人，在家里，她一定要赢得妈妈的心，这也是她每一方面都能亮眼的动力。但她提到，尽管如此，她妈妈依然有些重男轻女的观念，比较疼爱弟弟。

她说："我大学考到驾照时，爸妈只买了一台二手的机车给我，但我弟弟考到驾照后却得到一台要价 8 万台币的全新机车，而且我起初还不知情，是某一天回家突然发现的。当时我很生气，觉得很不公平，为什么有这种差别待遇？"

追问之下，其云的妈妈后来告诉她，因为她不太敢骑车，也不怎么骑，可弟弟却是以机车代步，所有有了这样的分配。她妈妈说，他们当时考虑过，本来想买一辆新的给她，说不定她会骑了就常骑，如果还是不骑，就留给弟弟，但是想想弟弟一定觉得不公平，为什么他要用姐姐的旧机车，而且男生的机车跟女生的又不一样，所以最后给弟弟买了新的。

其云说经过上课讨论，她明白了一件事，就如同我说的，"如果要求公平就看不到深情"。用"得到"的概念重新看待公平问题后，她说：

"仔细思考之后，我是路痴也不太骑车。其实爸妈在其他地方对我的付出也非常多，我想要的东西只要不是奢侈品，合理范围内他们都会买给我，比如保养品、衣服等。爸妈并不吝啬，他们给我的钱金额加起来，甚至比那台全新的机车还多。我想通了，我并不是真的想要一台全新的机车，只是觉得爸妈买一台这么贵的机车给弟弟就是对弟弟比较好，心理产生了不平衡。现在我看见妈妈是很公平的，依据我们的实际需要给我们买东西，在父母心中我跟弟弟一样都是值得被爱的。”

理解了买机车事件背后的公平考虑是基于“需要”，而不是“想要”，其云终于明白了爸妈对她深厚的爱。

公平是先付出：念功感恩，深情才能有

当然，还有一种人会跟别人比较，比着比着就怨怪起老天爷来，说自己的命、自己的运就是比较不好，老天爷就是不公平。李雅的儿子娶了媳妇进门，可是李雅就是不满意，她觉得对门的真幸运，娶了个乡里间出名的好媳妇，人人羡慕。对门王满前阵子手臂骨折，她儿媳妇伺候吃穿还不喊累，下了班一定先顾婆婆，还陪着做复健。李雅说如果换作是她伤着了，可能媳妇心里还乐着呢！

跟对门的王满一样，李雅就一个儿子，都讨了媳妇，但是她觉得自家媳妇很笨，不会烧饭，不会擀饼，还常常使唤儿子。李雅见人就说媳妇的不是，还怨老天爷就是不公平，为什么他家就没娶到好媳妇。

有一天，李雅遇到对门媳妇，人家礼貌嘴甜，招呼她，两人便聊了起来，李雅于是将对儿媳妇一肚子的不满都说了出来。

王满的媳妇真是好，静静听着，听完才跟李雅讲，其实是自

己幸运。她说以前她也不会烧饭，因为上班的缘故，回家后婆婆就要自己去休息，说她一个人忙得过来；如果有事需要回娘家，婆婆一定要儿子接送；怀孕生女儿时，婆婆天天照顾着，什么都不让她做，连孩子夜半哭闹都是婆婆带着。

王满媳妇说："我很感恩，婆婆很看重我，我获得了一个妈妈。我婆婆认为她现在身体还硬朗，可以帮忙，以后做不动了，当然就该换我来帮她了。"

想来李雅可是除了挑毛病，确实没有帮媳妇做过些什么。当她听完王满媳妇说是"获得"了一位好婆婆，她明白了——这公平里的深情，是能从真实的人情往来、从"获得"中看懂的。只有不计较，先付出，对方才会念功感恩，彼此才能建立起尊重互爱的关系。

从公平的得到里，看见不一样的自己

我很喜欢一本绘本《你很特别》(*You Are Special*)，这是美国 CBA 童书榜畅销冠军，是陆卡铎（Max Lucado）牧师写的。这本书的内容大约是说，有一群微美克人，是一群木头人，每天做着同样的事——为漂亮的、漆色好的、有才能的木头人贴星星贴纸；为那些什么都不会做的或是褪了色的，贴灰点点贴纸。

这个故事中，有的人被贴了很多的星星贴纸，所以觉得自己了不起，或者变成追求更多星星贴纸的人；有的人却贴满灰点点贴纸，因此觉得自己一无是处，或者自己躲起来，变得更自卑。

这世界上的价值观总是强调聪明、美丽、有才能才是很特别，但是这本书告诉我们：每个人都是独一无二的，都很特别。我们都有自己的价值，应该成为自己，接纳自己，喜欢自己，多爱自己，别在意他人贴在我们身上的标签，也不要随便给别人贴标签。自傲和自卑都是不健康的自我概念，只有健康的自我观与人我观，才能使我们坦然自在，爱自己，也爱别人。

接受没有回报的爱，找回可爱的自己

我想起我的好朋友似绿。她和我是从大学认识起就无话不谈的朋友，后来跟她先生和小孩移民澳洲了。最近我在医院陪爸爸时，意外收到她发来的讯息：我自己需要向你求救了。她说她先生最近无端地不讲理，乱念叨，连读大学的儿子都被念到离开家。她提议先生应该去看心理医生时，先生却说在他还没看心理医生之前别理他。

从此，似绿的先生就将似绿当成隐形人，不再与她互动和交谈。即使扭到腰、不方便行走，似绿帮忙，他也没有任何反应。似绿说她过不下去了，可能要离婚了。她还问我，让他去看心理医生哪里不对，这句话伤人吗，为什么大家都觉得是她不对？

我认为，她的先生应该是遇到一些不好说出来的困难了！又由于似绿是学心理咨询的，因此她说让先生去看心理医生这句话是伤到他了，因为从似绿嘴上说出来，就像是直接指责对方有问题似的。

结果似绿难过得想哭，说明明她是讲理的，她先生在无理取闹，最后却是自己委曲求全。我告诉她，不要一直只强调自己讲理，这样只是让两人的情绪都得不到处理！我还是老话，要接纳自己，做自己，才有能量去爱别人。

但是，我的回应似乎也伤了似绿。就像她说她先生应该去看心理医生一样，我们这些好朋友也都直接指出是她不懂体谅先生，这令她感到难过。于是似绿不想通话了，过了一会儿，她用打字的方式回复我：

“可是我不太想努力，若我可以做自己，我就会任性地讨厌他，但这样做了，我会觉得很难受，有一种很累很累的感觉！”

我回信告诉她：“做自己，怎么就是任性讨厌别人，这是你吗？这应该只是你情绪的某一面。你一定也还有另外一种情绪，那是可爱的一面。当那个可爱的你，就不会感觉受伤和疲累！那也是我最欣赏的‘包容’的你啊！

“或许你可以跟他说，你很想念以前那个很有自信、可以亲近的他，那个人让你觉得幸福，你知道那个他一直都在，相信他一定被什么事困扰着，你会默默陪伴他。同时，你可以表明自己也因为他的情绪而陷入困扰，也很想找到曾经那个可爱的自己，你们可以一起努力。

“做自己！一定要记得找到那个自在的自己，而不是再次陷入讨厌自己的情境里。我相信你一定做得到，因为你是一位很棒的人，我就很喜欢你的个性，很稳重，通情达理，让人有安全感。只是你太在意你先生，太爱他，才会陷入讨好他的迷雾里而看不见自己。多想想自己可爱的方面吧，不要只陷在负面情绪里！”

她过了好一会儿，才回复我：“谢谢你！很想好好哭一哭，为什么我会嫁这么远！”我说：“你很棒的，我相信你心里也一定有很多委屈，只不过一直都在努力调整。走到低谷，就是爬起来的时候。我相信你会发现内心那个可爱的自己！想哭就哭吧，请闭上眼睛，想象你正抱着我大哭！爱你！”

似绿回复我：“谢谢，我做最后一次努力，再不行，顽石再不点头，我就打算放弃了。真的累了，在他身边，我很压抑！我想

他也不快乐，那就放彼此一马。”我说：“分开不分开都是外在形式，根源还是认识自己的时候到了，祝福你！”

她感谢我，并说自己会努力的。我回道：“我都跟人说，分离一定要选在相爱的时候，这样以后彼此的生活才能安静、愉悦。所以，如果真有这打算，就先做足功夫，练到不怨不气，再分开。”最后，似绿的短信传来了，她说：“跟你对话完，眼泪掉一掉，好多了！你的话很有力量。”

过了一个月，我忽然又收到似绿的讯息。一个多月的结冰期终于破冰了，她先生忽然跟她说话了，她知道这是因为自己转念了。她说她时常反复看我写的那几段话。有一天在百货公司，她遇到一位老先生正在找需要的药品，当时她帮助他，没有条件，也不希求回报，只有欢喜心。后来她得知，这位老先生的伴侣10年前开过刀，后来瘫痪了，为了照顾伴侣，他凡事都自己动手。似绿觉得跟他比，自己幸福多了，至少另一半没有麻烦到她，就该感恩了。

似绿告诉我，她希望先生对她的爱是有回报的，这正是她让自己陷入苦恼、失去自己的最大原因。而现在她领悟到，她需要学会的是不求回报的爱。

她写道：“既然我都可以对不认识的人好，并且不求回报，那我为什么不能用相同的态度来对待我先生呢？当我不再求他用我希望的爱来回报我时，很奇怪，情境在一夕之间就转变了。他主动开口说话，态度大为改变。而我的内在也起了变化，并且我在改变后，发现周围的许多人、事、物也都在变化。这是不是很妙？似乎，我‘pass’（过关）了。”

我真高兴，她找回了那个让内在舒适自在的自己。所有的事真的就在一转念间就不一样了！我们常常被困住，是因为我们不喜欢当时的自己，然而又陷在一种情绪里，以为做自己就是任性而为。其实，真正做自己，是从内心真实地感受自己是否舒适自在。

我们往往喜欢上一个人，就会很想跟他有亲密的互动，所以想方设法讨好对方。渐渐地，为了害怕一点点的小冲突，或者害怕对方不高兴，就开始委屈自己，以为这样可以维持亲密关系，可是不舒适、不自在的自己，怎么可能让关系和谐亲密呢？

委屈生出计较，计较过后更委屈。付出与获得不成比例，就会让人觉得这世道太不公平，最后想要逃离，却又不甘心自己的付出没有回应，我们就在求全中变得不认识自己，一再地伤害自己。

我们总能在一段亲密关系中看见自己，因为我们会将自己的态度——喜欢或者不喜欢——都投射在这段关系里。所以，如果有人讨厌你，那是他的投射，跟你没关系，你不必理会；如果有人喜欢你，那也是他的投射，你不必在意，只要轻轻放在一边，做回你自己。

似绿终于领会了她苦恼的原因：她太在意先生了，希望她的每一次付出，先生都能领受并表达感恩。而当她知道应该学会不求回报的爱时，才终于自在起来！

所以，爱他，就尽情去爱，不必依据对方到底有没有感受、有没有感恩，来决定要不要爱。只是单纯地去爱，一定就能找到内心舒服自在的自己，以及正确的爱的交流方式，从而让自己很值得被爱，也让对方能清楚知道他值得被爱。

既期待又怕受伤害，那就找出爱

有一位十多年不见的美丽女孩蔓霓，通过邮箱找到了我，当年的她是校园里的风云人物。她出境深造，曾在美国一间科技公司担任要职，后来又自己创业，现在回到了台湾地区的科技城。但是，她却来找我，说她在感情上跌了一大跤。

她说她现在将近 40 岁了，谈过很多段感情，却都黯然结束。她知道自己很坚持，一定要遇见能说服她的直觉的人，她才会接受。后来，她终于遇到了一位能让她服气、给她很多建设性意见的人，就是其桦。

他们在美国认识，其桦大蔓霓 10 岁，曾经有过一段不堪回首的婚姻。在她回境后，他们慢慢通过网络来往，有了想互许终身的情意。一次蔓霓到美国出差，其桦终于求了婚。蔓霓勇敢地放下在台湾的一切，跟周围所有人说她要去美国结婚了，大家都祝福她，妈妈更是高兴又欣慰。

然而，到美国后，其桦跟蔓霓深谈，说他并不了解她，很怕她是表里不一的人。蔓霓心里如被重击，强忍着难受跟其桦说："那我们还是当朋友吧！"蔓霓黯然地回来，整天郁郁寡欢，大家都很关心她，但没人敢问起发生了什么事。

这么聪慧美丽的孩子啊，我心疼她被困在自己的心事里。蔓霓不解其桦被前妻所伤，为何要将这样的伤加在她身上。我知道她眼睛里有着倔强得不愿落下的眼泪，也因为这样的情绪，使她看不见其桦的问话里，有着对她的爱的深深期许。我搂搂她的肩，请她跟着我远远观看这个将近 50 岁的大男生——其桦的讨爱。

其桦跟他的前妻，发生过什么？他们曾经结婚，结婚表示他们相爱，不论他们的目的是什么，即使为了某些利益相爱，那也是相爱。后来他们离婚，从其桦的角度来看，他是在爱过之后被离弃。

当其桦遇见蔓霓并向她求婚时，他又动了心。一个将近 50 岁的男士，曾经被伤害过，那他这次的动心与行动，一定是鼓足了勇气。一方面，他心里是焦虑的，会不断检视对方是否会爱这样的自己，担心对方因发现自己的这一部分而离开；另一方面，他心中也会有想逃避的情绪，逃避与对方亲密，逃避自己的感情。因为他的生命盒子里的“我不值得被爱”在发生作用，他有了一个很糟糕的生命脚本，会在生活里复制很多生活剧本。

他一定很害怕自己不那么被爱，任谁都不愿意自己会被爱离弃，何况是可能的“再一次”。因为他在上一次的伤害里，为自己讨爱的生命盒子贴了一张很厚重、连他自己可能也不知道的标签——“他不值得被爱”。所以，他试探着讨爱，他看重这份将要开始的情感，甘冒蔓霓生气的风险去问她。只是其桦虽然鼓起勇气，心中却深埋着焦虑与逃避的心情，使他需要不断确认，就像我们买了机票要出国一样，为了慎重要一再确认。尤其是，他是那么想知道他是否值得被爱。

其桦由于在婚姻的事情上有了讨爱凝滞点，所以没有勇气直接说出自己的爱意。他很焦虑，觉得自己不值得被爱，不接纳这样的自己，便想象别人也可能不接纳他；于是他会将这样的自己隐藏起来，躲避现实，面对自认已成定局、没有胜算的感情，想尽各种方法企图让别人改变对自己的看法。这些都是讨爱凝滞点

在作怪所产生的心理状态。当然这相爱的两人是不会知道的，所以当他问蔓霓自己是不是表里一致的人时，他并不是“不信任”蔓霓，而是试探，想绕着弯了解蔓霓是不是一个会轻易改变看法的人。他想知道，他不值得被爱，可是蔓霓却接受求婚来到美国，“应该”是觉得他值得被爱吧。

但是，其桦的讨爱凝滞点导致他需要对方反复保证。这种生命现象，在其桦还没有觉察之前，是不会改善的，而是会重复出现。其桦要蔓霓保证，自己却既不保证，也不直接说明隐藏的企图，这种像设局让人陷入迷雾里的行为，就是一种讨爱勒索，困住自己，也难为别人。

而蔓霓陷在自我的情绪里，没看见其桦的心思，于是将其桦的问当成是一种怀疑，以为是“信任”问题，却不知背后真正的焦点是其桦在迂回地讨爱。蔓霓很好强，容不得其桦的怀疑，才会如此感觉委屈与愤怒。我觉得从另外的角度看，这也表示蔓霓其实很笃定自己爱其桦。同时，其桦也陷在自我的情绪里，看不见蔓霓的心思。所以，本来蔓霓可以帮其桦撕下这一张“不值得被爱”的标签，但结果是，蔓霓为自己也贴上了一张同样的标签，并且为了维持自尊，说出“还是当朋友”的话，然后带着重伤回来。

蔓霓面子挂不住，不明白其桦为何骗自己到美国，难道只为了伤自己。而其桦呢？听到蔓霓说还是当朋友，一定以为他果真不值得被爱，并且推论出蔓霓原来是没那么确定地爱他的。

我跟蔓霓说，在爱里，坚定和相信很重要，但是那不是不容置疑、平白无故就胡乱相信的。相反，能被质疑，就表示这份爱还有待检验。坚定不移地相信的爱，是日积月累，一次一次在怀疑里不嫌烦地解释又解释而来的。因为其桦的讨爱就是希望能看到蔓霓最笃定、最坚贞的爱，而不嫌烦的一再解释就是最好的回应。听完，蔓霓悄悄落下了眼泪。她不再陷在自我爱怜里面，而是站出来，看清楚了，懂得了。

相爱是一件多么美好的事，但是亲密关系里的双方却也有着各自深藏的心事，这是心理学常说的"未竟之事"，即还没有完成的事。生命的存在与继续，全在于亲密关系里的爱和信任。

所以如果有了讨爱凝滞点，在自己的讨爱的生命盒子里贴着"不值得被爱"的标签，个体就无法好好爱自己，并且会在"焦虑"与"逃避"的心绪里徘徊，于是一直做着讨好别人的事，就像蔓霓付出所有，勇敢放下一切去美国一样。

然而，蔓霓得不到预期的回报，不甘心自己全情付出却没有被合理地对待，深深地感到不公平。直到蔓霓了解了其桦的生命脚本，看见他也和自己一样深情付出，才将爱找了出来。同时她也跟自己达成和解，用"不失去自己"的爱与人联结，重新拥抱充满信任的亲密关系。

第6章

从勉励打气中，把爱找出来

勉励，是重新找出爱的契机。小昕昕才刚满 1 岁呢！可她能做到很多动作，而且总是想要自己试试。有一天，我拿起三个饮料罐叠罗汉。小昕昕也想试试，她慢慢做着，由于身高还不够，叠第三个时总是失败。一旦我想帮忙，她就发出不满的声音，一定要自己来。她一试再试，每次只要她成功叠起一个罐子，我就会拍手说好棒。后来只要她再做到，她就会拍手鼓励自己。就这样，小昕昕克服了困难，每次都能用罐子成功地叠出罗汉。这件事让我看到，勉励的力量真大。

勉励的力量

100 年前，当时已经闻名世界的大家——弗洛伊德（Freud）、阿德勒（Adler）与荣格（Jung）并列为三大心理学家，尤其是弗洛伊德，作为最有名的精神分析大师，他的“潜意识”概念和著作《梦的解析》影响了全世界达百年之久。

然而，这三位大师都各自有着一段长长的孤单寂寞的时期，他们都曾经历被排挤、甚至被霸凌的日子。换个说法就是，他们在讨爱的过程里，都遭遇了难堪和挫折，曾被拒绝，并且伤痕累累。

那么，他们是怎样转换自己的人生，成为后来有名的心理学大师？他们的生命盒子又是如何的呢？

在这里，我想主要来介绍奥地利精神病学家阿德勒（Adler）。阿德勒小时候患有佝偻病，即使兄弟姐妹愿意跟他玩，还是会因为他行动不便而觉得麻烦，为此他十分痛苦，童年起就有很深的自卑感。也因为这样，他转而喜欢在图书室里读书，得以勇敢地走出人生低潮，并提出了超越自卑的理论。有一本跟他相关的书《被讨厌的勇气》，在台湾地区很畅销，光是看到书名，就能了解

阿德勒对自卑的超越！

那么为何要先介绍阿德勒？因为阿德勒是100年前众多心理学家中唯一一位最关心平民和家庭教育的人，他为此到处演讲。他尤其重视妇女教育，这不仅在百年之前的社会是震撼之举，甚至后来的心理学家也无法与之相比。

当然，以当时的社会风气，阿德勒的妇女教育并不等同于如今所倡导的性别平权，相对而言，他偏重于讨论对社会安定更为重要的“家庭教育”和“亲职教育”（Parental Education）。

走出自卑的阿德勒

我们先来看看阿德勒的故事，并且来说一下有关阿德勒的“生命盒子”。有一位传记学家博彤写了很多关于阿德勒的故事，从其中提及的一件事，可以看出阿德勒的调皮与天真。

在某个节日的夜晚，阿德勒故意爬到楼下，把未发酵的面包调包成已发酵的，而且躲在橱子里观察了一整个晚上。他要看如果真有天使来临，会不会发现面包被动了手脚。

阿德勒之所以能这样调皮，是因为他有一位很欣赏他的爸爸，让他觉得自己是值得被爱的人，因此他能很充分地探索周遭的世界。不过，由于身体的不适，加上孩子众多，阿德勒的妈妈后来疏于照看他；加上他的兄弟姐妹无法跟他玩到一起，这些都使他的生命盒子里的“不值得被爱”累积了很多点数，让他觉得自卑。因此，他刚上学时，除了不快乐、被排挤之外，成绩表现也一直不好，尤其数学很差。所以，阿德勒的老师建议他的爸爸让阿德勒去学习当一名鞋匠，将来好养活自己，这让阿德勒感到很惊慌。

阿德勒的爸爸是一个犹太商人，母亲是一名家庭主妇。爸爸非常重视阿德勒，觉得他能安静阅读很多书籍，是个努力上进的孩子，所以爸爸总是勉励他。阿德勒幼年时健康状况不佳，曾患有佝偻症，在5岁时得了肺炎，还发生过车祸，直到年纪稍长，他的健康状况才有所改善。他在医学方面的兴趣主要是受到父亲的鼓励，后来也取得了医学学位。父亲的爱与关怀，正是他得以走出自卑的关键。

"值得被爱"的勉励，力量无穷

听了老师的建议后，阿德勒的爸爸并没有让阿德勒去当鞋匠的学徒，而是勉励他。根据博彤的记载，他爸爸常跟他说："绝对不要相信别人告诉你的。他们说你做不到，其实是他们自己做不到。"这一点成为阿德勒个体心理学的一个基本格言，而"勉励"后来成为阿德勒教育理论的中心思想。正是爸爸的勉励，让阿德勒渐渐地在另一个生命盒子里积蓄了丰厚的"值得被爱"的力量。

另一个关于阿德勒的故事，更验证了"觉得自己值得被爱"的力量无穷。前面提到，阿德勒的成绩和表现并不好，尤其数学方面格外差。有一天，他的老师出了一道数学题目，班上无人能解。而阿德勒觉得他知道正确的解答，便鼓起勇气到黑板上写下他的答案，而且真的答对了，这个举动令老师和每个同学都大

吃一惊。从那天起，阿德勒忽然觉得自己的数学是很棒的，甚至认为数学是自己拿手的科目，后来他也真的成了一位数学很棒的人。可见“勉励”很重要，会让自己生出更多信心。

阿德勒讲超越自卑，其力量来自爸爸对他的重视，让他生命盒子里有了爱的满足，这帮助他克服了许多不值得被爱的“讨爱凝滞点”，使他真正成为一名医生。阿德勒一生想成为医生，来自于他对周遭的感同身受和深切关怀，学习时期的病痛，兄弟的病逝，都使他对无法医治的儿童疾病有特别的兴趣。

阿德勒关怀普通民众，更是勇敢地公开批评政府有关抚育儿童的实际事务以及学校改革中的教育不均等问题。不论是演讲或文章，他都以简明、不带学术色彩的说法与文笔，清晰直白地表达自己的看法，使普通民众能了解与应用心理学原理。

在第一次世界大战服役担任医官之后，他不仅在维也纳公立学校开创了许多儿童辅导诊疗中心，还致力于培训教师、社工人员、医生及其他专业人员，更是为创建“社会医学”（Social Medicine）而努力。他也是第一个愿意在众多听众面前讲述生动的亲子关系的人，他不停地到处演说与进行示范工作，训练专业人员，广开诊疗中心，以嘉惠更多普通民众。

破解自卑的潜意识

在阿德勒提出的众多理论里，我想跟大家分享其中一个重要且有效的概念，我们可以借此很容易地检验出孩子的心理位置。阿德勒很重视个体对自己的看法，认为每个人心中都想要成为真正的自己。尤其到了青春期，由于身体带动心理的大转变，我们想要做自己的心思会达到最强烈的程度。孩子的问题，往往跟“想要做自己”这种心思有很大关联。

后来有学者德瑞克斯（Dreikurs）根据阿德勒的概念，清楚列出了孩子出现问题的四个步骤。这四个步骤，从父母的角度来看，反映的是孩子的叛逆；但是从发展的观点来看，却是孩子认识自己、想成为自己的一个发展关键期。

第一个是“引起注意”。其实所有生命个体，都希望被所爱的人关注，因此会用尽方法，想要引起对方注意，这样，他才能感受到自己是一个“值得被爱”的人，也才能获得讨爱满足。例如，常常出现在你面前，假装跌倒，要你抱抱等，都是“引起注意”的表现。

第二个是“挑战规定”。如果“引起注意”这一步还不够，那孩子只好进一步想办法让你注意到他。这时候就会演变为“挑战规定”。例如你规定他要写完功课才能玩计算机游戏，他却偏偏要先玩；你要他 10 点上床就寝，他却偏偏一直拖延；或者你叫他饭前要洗手，他就不要。他本来只是要引起注意，但你却忽略他，所以他的心里已经带了点失望，然后转为消极怨气；他觉得他在你心中可能“不值得被爱”，于是就变得不那么听话了，以便试探你的底线，看你有多爱他。这也是表明他生气了需要你注意的警讯。

第三个是“报复”。当孩子挑战你的权威、不遵循你立下的规定时，很多冲突就开始了。如果因为你一时不察，没看出其实他在讨爱，反而因为他的行为生气、斥责甚至惩罚他，那么无论

他怎样做都无法令你满意，这将使他产生一个念头——他在你心中是“不值得被爱”的，由此在生命里给自己埋下一个“讨爱凝滞点”，甚至演变成“情绪地雷”。这时候他只想让你痛苦，你越痛苦，越使他相信你对他有感觉，在乎他。所以，他就故意做些让你伤心的行为，可能向内伤害与攻击自己，自残或自杀；也可能向外寻找刺激，跟朋友一起鬼混惹事。总之，你越伤心，他越相信你心中还有他。

第四个是“放弃自我”。那是最糟糕的状况了！他放弃自己，放弃你对他的爱，他已经毫不在乎了。他可能自暴自弃，可能冷漠无感，总之他已经对你的爱彻底视而不见，不抱任何希望了——这是父母面临的最棘手的状况。

以上这些状况，心理学家都认为是一种潜意识行为：个体说不出所以然来，但是他本人却无法解除这种觉得自己不值得被爱的痛苦，于是用尽手段，就是想获得讨爱满足，以便证明自己是“值得被爱”的。

所以，当父母的必须了解生命的讨爱现象，在最初他想要引起你注意、渴望与你进行爱的交流时，就要及时发现、好好处理。

我们谈到的这个演变过程，来自阿德勒的“目的论”。阿德勒认为，任何一个行为的背后都有一个“目的”。孩子的问题行为可能是出于潜意识的、是不自觉表现出来的，这时候是他内在生命盒子里的"我不值得被爱"在发生作用，所以，就算爸妈问孩子为什么这样做，他也答不出来。因此，当孩子出现问题行为时，不要只看他表面的行为，不应该只是批判或惩罚，而要了解不当行为背后的“目的”是什么。

不含评论，才是勉励

阿德勒提出，孩子大约有四个渴求——归属感、价值感、能力和勇气。其中，归属感与价值感是指孩子希望被父母认同，这让孩子的讨爱能获得满足，觉得自己在父母心中是“值得被爱的人”。

而“能力”和“勇气”是前两个渴求的延伸需求，是孩子想要得到的对待方式。如果孩子觉得自己值得被爱，那他就会有力量，能发挥自己的价值，勇敢面对所有的人生课题。而这也是一直以来阿德勒教育里的中心理念——“勉励”，它是启动并使生命盒子里的“我值得被爱”发挥作用的关键所在。

勉励与赞美并不相同。勉励不含评论，勉励使人充满力量。然而，赞美却是一种正向评论，就如同责骂与惩罚是负向评论一样，属于无济于事、不能产生力量的对待方式。

孩子如果觉得自己是值得被爱的，他就能感受到父母对他的认同以及自己的价值。例如，你跟孩子说的“你好棒，你这次考试考了全班第一，我好爱你”是一种赞美，属于正向评价。这样说的危险在于孩子会认为你爱的是他的成绩，而不是他本人；他的价值是考第一，甚至是为了成全你的面子。那他如果下次没考第一，是不是你就不觉得他棒，就不爱他了？他会这样推测，认为你失望了，觉得他不值得被爱。但是，如果你说“你这次考试表现很棒，我知道你做到了，因为我看见你很自律，控制玩手机游戏的时间，专注投入功课”，这就是一种勉励。他有这样专注的精神，是因为他可以自律，不是因为你的面子，如此他就会觉

得自己是值得被爱的孩子，就能拥有好的价值感。

阿德勒的爸爸就是这样勉励阿德勒的，而不是用赞美的方式。他爸爸并没有听从老师的建议，让他去当鞋匠的学徒，但是也没有在老师面前逞强说阿德勒多好多棒。同时，他也没有跟阿德勒提到老师的建议有多不恰当，或者有多瞧不起人，他只是私下跟他说："绝对不要相信别人告诉你的。他们说你做不到，其实是他们自己做不到。"这样的态度就是不评论。

阿德勒知道在爸爸心中他是"值得被爱"的孩子，也是因为这样，他才能突破自己数学学习上的障碍，成为有能力、有勇气的人。这就是勉励，不同于赞美。这样的"勉励"对生命个体来说更实惠，能使其完全感到自己是值得被爱的，从而勇敢面对问题，不断前进。

明白问题行为背后的"目的"，就能因为勉励，将爱找出來。我来说个实例。有一次，在我的工作坊里，一位女老师在课程中提出她的问题。她说目前她来进修，女儿跟奶奶在家。女儿从上学期开始，发生肚子痛的状况，常常因此无法上学，她带女儿看过很多医师，却都查不出原因。今天女儿也是因为肚子痛在家里休息，她的奶奶做饭给她吃，但又数落她肚子痛是不想上学引起的，女儿就情绪大崩溃。

这位女老师说道："我刚刚休息时，接了女儿的电话，她情绪激动，我很烦恼，几乎无法好好上课，心里一直想着等一下回家要如何去跟婆婆沟通，安抚女儿的情绪。"我问她："那你的位置在哪里？"她说她一时没弄懂，于是回答："我比较站在我女儿这边，认为婆婆不应该去招惹她。因为从以前的经验看，婆婆明明知道这些话一定会让女儿情绪激动。”

这就是所谓的情绪地雷。如果女老师的婆婆说“你就是爱乱吃东西才会肚子痛”或者“你就是睡太晚，才会没有胃口，引发肚子痛”，都不会让她女儿生气。可见，婆婆说的就是女儿的情绪地雷，她真的是因为不想上学才会肚子痛。其实这大部分属于潜意识，即通常比较难觉察的部分，所以要靠“情绪地雷”来反推。

后来我从对话中分析，可能女儿很想跟妈妈讨爱，发现假装肚子痛就可以引起妈妈关注，妈妈会急得到处带她求医，这让她觉得自己很值得被爱。不想上学的原因不一定来自人际问题或者学习问题，因为老师解释说她女儿并没有明显的学校方面的问题。

如果我们再往深一点推测：或许女儿隐隐觉察到妈妈跟奶奶关系并不好，发现自己只要对奶奶生气，妈妈便会去说奶奶——这也是一种讨爱的方式，可以让她感到在妈妈心中自己是值得被爱的。那么，这种对奶奶生气的事就会一再重演，因为能达到满足心理需求的“目的”。

我问起这位老师，是否跟婆婆关系比较紧张，如果借由女儿的情绪，就比较好去责备婆婆呢？这位老师当时并没有任何明显的回应！于是我先停止追问，继续将问题拉回到女儿身上：“你应该让你女儿自己去面对她的情绪地雷。难道她将来出身社会或者结婚了，有人踩到她的情绪地雷，你都要帮她处理吗？不可能啊！”我说：“你在这里上课，不可能照顾女儿，而你的婆婆才是在家煮饭照顾她的人。你的女儿很幸福啊！所以，让她自己去面对吧！”

后来我们继续上课。当我们开始完成感恩球的活动，邀请大家发表“感谢分享与讨论”时，这位女老师举手发言。她说她真的非常感谢我刚刚那么直接指出她的问题，她起先并不懂我所问的“那你的位置在哪里？”但她坐下来以后，真的觉察到她确实是借由女儿来数落婆婆的，于是她明白了自己的讨爱凝滞点。

她想到我刚才说的，她在这里上课，而婆婆却在家里煮饭，照顾女儿啊！她觉得自己应该感恩婆婆的，女儿也应该感恩奶奶。这时，她便找到了自己的讨爱满足点。

这位老师还说了一个有意思的改变：她从最初坐立难安，到现在变得很放心。虽然她女儿还是一直传来讯息，情绪激动，但是她自己却不再受女儿情绪的影响了。她说我的一番话真的像打醒了她一般，使她觉察到原来她陷在自己的情绪里了，她也知道回家后应该怎么办了，因为她找到女儿和她自己情绪与行为背后的“目的”了。

由于她已经感受到自己值得被爱，有了讨爱满足，所以能从容地把爱找出来。于是，她回家跟女儿说了些话勉励女儿，并且她跟女儿各做了一个感恩球给她的婆婆。

纠举与勉励

成人看事物的角度跟孩子是不一样的。由于我们有比较多的人生经验，总是会担心孩子出差错而有不好的人生遭遇，于是经常叮咛、唠叨、责骂甚至惩罚。我们本意是爱孩子、为孩子好，却不知为何，常常越演越烈，最后亲子之间变成了冤家、仇家，闹到不可收拾的局面。

那是因为我们的生命里都有两个盒子，一个装着我们的讨爱满足，使我们觉得自己“值得被爱”；一个是我们的讨爱凝滞，使我们觉得自己“不值得被爱”。它们常常交互作用，反映在与孩子的互动里就有了两个行为，我暂且称为“纠举”与“勉励”。这两种行为，就在我们心中天人交战，好像心里的双人舞一般，不知道以哪一种面貌出现比较好。

George & Mary

纠举，是我为了音译与意译能配合而特意使用的一个词，取英文名 George 的谐音，以及 George 和 Mary 这组词背后的故事。

纠举，跟“勉励”相对，形容一种负向的情感交流方式，带有纠正、举发、责难的意味。

我先来说说 George 和 Mary 的故事。George（乔治）源于希腊语，意思是农夫；Mary（玛丽）源于希伯来语，意思是反抗的苦涩。我的英文名字就是 Mary。任英文系教授的好友曾说就这个音最像梅如，我当场不知道怎么回应。

当我出版《讨爱勒索》时，主编问我的英文名字是什么，一听答案是 Mary，便认为我开玩笑，跟我刚听到时一样，也说好俗气，很不配我的气质啊！所以，我很不想跟人家提起我的英文名字，尽管从理智上看，Mary 确实跟我的中文名字发音很像。

直到听过“Helen”的故事，我才接受了“Mary”。我的一位好友，家里有个菲律宾帮佣，叫“海伦”（Helen，源于希腊语，意思是光亮）。但是她的公公说：“这样不好吧！人家已经长得很黑，还叫她‘黑人’。”我听完，觉得她公公说的话很有意思。按老人家的逻辑，那我的“Mary”谐音也很像“美女”！由于找到我喜欢的意义，我欣然接受了“Mary”这个英文名。我会常常跟人家提起这个小故事，并且郑重地介绍我的名字与外号——“美女老师”。

当然，我当时不知道 Mary 名字背后的意义，如果知道，我一定不会喜欢，谁愿意有个意为“反抗的苦涩”的名字？

George 和 Mary 其实在台湾地区还有一个有名的故事，跟“借钱免利”有极大关联。“乔治和玛丽”是台湾地区第一张现金卡，英文名称为“George & Mary”。而乔治、玛丽两者都是以闽南语的谐音命名。George 的闽南语谐音为“借钱”、Mary 的闽南语谐音为“免利”，因此合称起来就是“借钱免利”的意思。

1999 年 7 月，台湾地区历经亚洲金融风暴后，银行企业金融逐渐紧缩。在此境况下，当时的万泰银行董事长前往日本考察，发现日本十大获利的大型银行企业中，有三家银行都靠小额信贷的放款业务方式获利，他因此得到灵感，首次发行了台湾地区第一张现金卡“乔治玛丽”。

在“乔治玛丽”卡问世 2 年后，万泰银行的获利攀上高空，同时创下罕见的股价大涨八倍的奇迹，从此开启了台湾现金卡的风潮，之后其它银行业者纷纷投入双卡业务的开发。2006 年，卡债风暴席卷全台湾地区，使得逾 80 万人沦为卡奴，平均欠款超过 100 万以上台币。2008 年，再度遇上金融风暴，万泰银行出现巨额亏损，股价一度跌到每股 2 元，最后还演变到万泰董事长将一手创立的万泰银行卖出的惨剧。

说来也巧，讨爱勒索跟“借钱免利”有相似之处！我们在人生里，处处讨爱，但是如果我们太过强求，最后就会演变成勒索或者绑架爱，就好比借了钱，却一点也不愿意付利息。这也暗合了“农夫的苦涩”的本意——农夫耕种，有耕耘之功，却没有收获。同样地，我们对孩子好、为孩子付出，从小到大，为孩子花了很多心血，最后却得到了跟农夫一般的苦涩——孩子对父母的付出不知感恩，没有回报，真是令人唏嘘。这也违反了我们前面提到的物种生存原则以及公平理论，感情的付出与获得不对等，那是令人痛苦的。

孩子需要勉励：父母应打气不纠举

当父母的，每每看见孩子的行为不是我们喜欢的，就想“纠举”他，好像抓到他的什么小错误小把柄，还说这是“为你好”。这样的纠举，就好像在人的生命里投下炸弹，击中要害一般，使人感受到泄气和打击。一旦进行“纠举”，就会引动生命盒子里的“我不值得被爱”，父母由此变成孩子心中的“泄气打击者”，说不定还踩到孩子的情绪地雷；更不幸的是，孩子爆发的情绪反过来引动了父母的情绪地雷，那结果将一发不可收拾。

所以，如果可以用“勉励”代替“纠举”，父母就会变成孩子心中的“打气鼓舞者”，让孩子充满能量，得到爱的满足，有足够的勇气迎向未来。

我儿子和女儿还小的时候，儿子作为哥哥喜欢没事逗着妹妹，偏偏妹妹很爱哭，于是看起来像他在欺负妹妹似的。只是，我们常常苦无证据。有一次，儿子打妹妹，被我一转身逮个正着。我请儿子在一张纸上写20遍“我爱妹妹”。

儿子说：“可以，但是我才小学一年级，不会写‘爱’字，可不可以写注音啊？”我说：“不会写没关系，妈妈写给你看！”儿子说：“但是我还是不会写。”我说：“喔！妈妈相信你一定办得到，你只要练习写100次，就会写了。”

儿子是聪明的孩子，他知道写100次是亏大了，于是马上说：“不用了，我会写了。”他很快就写好交给我了。儿子写字不含糊，每个笔画都很清楚，所以我跟儿子说：“你写得很好，而且也很快完成了，妈妈很欣赏。”这就是“勉励”。

然后，我继续说："那现在请你对着妹妹念'我爱妹妹'，一直到妹妹觉得你的语气是爱她的才可以。"儿子有点被吓到，他说："妈妈，这样很好笑呢！"我说："才不会呢！妈妈知道你是个好哥哥，你一定做得到。"

儿子一边很无奈地说着"我爱妹妹"，一边不忘数次数。而女儿却对哥哥说的每一次"我爱妹妹"认真地评断起来，几回合下来，女儿都说她感觉不到哥哥爱她，说甚至哥哥还对她做鬼脸。儿子不想继续，于是鬼头鬼脑地对妹妹说："你很喜欢的那台救护车给你！你说像啦！"

可是女儿很看重自己的感觉，说："我不要，请哥哥继续说。"贿赂不成，儿子就只好温柔而和缓地说："我爱妹妹。"女儿倒也是个正人君子，没有挟怨以报复，她很高兴地说："这次有像是爱我啦！"

尽管儿子是半带好玩半带捉弄的心态逗妹妹，但是他让妹妹很难过，使妹妹觉得在哥哥眼里，自己是不值得被爱的。如果我使用纠举的方式，像抓到哥哥的坏行为一般，说教或者惩罚，或许能一时止住哥哥的不当行为，但是他应该会更气妹妹，而且也会在心中觉得妈妈不爱他。

于是，我换了个方法——"勉励"哥哥爱妹妹，请他写下来，念出来，并且相信他都能做到。最后妹妹也确实感觉到哥哥对她的爱！所以，只有勉励，才能使人倍受鼓舞，觉得自己值得被爱，从而有力量做出爱的举动！

现在，我的儿子毕业开始工作已有 3 年了。但是他却坚持不给父母压岁钱，我的先生很不能接受。先生认为我们从孩子很小

的时候就什么都愿意给，还提起自己省吃俭用却舍得花大钱让儿子出国旅游、买那个 16 万摄影器材的事。先生说，我们做父母的给那么多，而他却不愿回报。我却觉得这好像是在“纠举”孩子呢！儿子真有这么多的不是吗？

听我这样说，我的先生更无法接受，批评我不管儿子。我后来找了时间，打算苦口婆心地劝说，让孩子能懂得报恩。起初我轻声细语说着，对于他不给压岁钱的事，我们是多么受伤，好不容易盼他长大能对我们好。他抿紧着嘴坚持不给。我察觉自己也是越说越大声，心想：有用吗？很多孩子都跟父母产生嫌隙，原因就是父母总要孩子接受他们的想法，而孩子很不想听父母的说辞，像讨债似的。

儿子问我，为何要给我们钱，我们又不缺钱，不必为我们操心，不就是我们给他最大的礼物吗？而且他也没有让我们为他操心啊！我说正因为这样，你给我们红包，我们不会花，只会帮你存起来！儿子不解，为何要我们帮他存，他自己会存啊！

说实在地，孩子没让我们发愁，他努力工作赚钱，没有不良嗜好，还会帮我们出打扫的钱和健康检查的钱。比起只给红包的孩子，他其实更有心，不是吗？这么说起来，儿子是既让我们省心又对我们用心！我们应该是既放心又开心，多为他打气才对啊！

父母也需要勉励：有深情才有交流

最近我先生会主动分享，这点很棒。那天，在他同事王老师家吃饭，先生便主动分享了一件事。他说今年暑假跟儿子一同去西班牙旅游是他最快乐的时光，他终于可以体会王老师每年全家一起出国旅游的快乐了。

王老师也分享了令他感动的事：每一次出游，没有一个人会有任何抱怨。他们家三个儿子，已经各有事业，其中二儿子还远在美国，但是大家会异地出发，同地旅游。我说，其实这很不简单，他们的家庭凝聚力很强。

先生又找话题，说是名牌新手机刚出来。先生问王老师："你一定会换名牌新手机吧？"王老师说对，他要自己买。先生问为何不让孩子买，王老师说孩子一定愿意买，但是他们有房贷要还、有孩子要养，他不会让孩子买的。

王老师说得很好，其实我先生的理念也很好，他想分享的是"交流"，只是他说不出来。我看到先生后来都只是静静地没再说话，就知道他心里觉得自己好像是很糟糕的父亲，不知道为孩子想，很不如王老师！好像他被王老师"纠举"了一般，整个人显得深受打击呢！

我后来发了封电子邮件给我先生，上面写着：

"我们跟儿子就是这样：我们出钱跟他一起去西班牙旅游，他规划行程，还买好的皮包给你；儿子为我们出体检的钱，我们为他出车子的轮胎钱。像王老师这样的父母很多，处处为孩子着想，然而却少了交流。有交流才有深情啊！"

我赶紧"勉励"先生，说他的分享其实是很棒的，这让先生心情愉悦了许多。连我先生这样已经是大学教授的人了，还需要旁人打气鼓舞，这恰好说明我们非常需要知道如何与我们的孩子深情交流——那就是"勉励"。

别纠举，要勉励

在生活中处处都有“我不值得被爱”的生命脚本，是用勉励还是纠举的方式对待，将演出很多不同的生活剧本。

所以我们要多多勉励，克制自己不要纠举，因为纠举只会让人感到泄气和被打击。而勉励，可以帮助我们把爱找出来。我说两件事情，让大家更清楚，勉励和纠举可以产生非常不同的结果。

丈母娘和女婿，谁看谁有趣？

从上星期一开始，我们回娘家住，星期二早晨，我先生如同往常一样，陪我妈妈去市场买菜。趁先生不在时，妈妈跟我告状，要我跟先生说不要陪她上市场。原因是先生到了每个摊位，一定问价，并且让妈妈不要买，说是比我们新竹的贵。我要妈妈自己跟女婿说去，她不去，就向我抱怨。这样的关系已然成为习惯，三十年如一日。

我先生的意思是，我妈妈应该多比价，不然会吃亏。他是为我妈妈好，所以“纠举”出那些摊位。我妈妈的意思则是，跟这些摊位的商贩买习惯了，早已经成为朋友，从来都不问价钱。可是，先生的举动却让我妈妈觉得她好像被人抓到了小毛病，好像先生在说她老人家平常都不愿意花心思问一下，竟然让那些摊位的人占了便宜也不知道。

其实两个人都没错，只是各自都坚持着自己“是为了对方好”。这样的关系纠葛，好像放在哪里都有。年轻时，我总是苦恼着，不知道该怎么办。后来的我，就笑笑、听听，当鸵鸟。而现在的我会“把爱找出来”，给两人都提供“勉励”的讯息。

我跟妈妈说:“这女婿打灯笼没处找，谁像他，30年来，只要回娘家，一定陪你上市场，你就让他跟啦！”然后我又跟先生说:“我妈妈最是疼你，总是不计代价，买好吃的给你。所以下次上市场，放下研究人员的职业毛病，别再问价了。”

如果我们可以将“纠举”变成“勉励”，那么，家人间的讨爱就能处处满足!

纠举会搞砸，勉励能达标

有两件事，只是因为我的态度不同，就产生了很不一样的结果。一件事是因为我使用了“纠举”，另外一件事是我使用了“勉励”。

通常我先生负责煮饭，吃完后我负责清理厨房和洗碗，然后开始我们难得的一起看电视的时光。这时候，我会一边运动一边看电视，先生则喜欢懒在椅子上彻底休息。问题来了，我们两人喜欢的节目很不同。他看政论频道，我反对；我看地理频道，他不想。结果我们只能折中，看电影或旅游节目。

可是我更想我们能一起看保健医疗节目，虽然每次都不能达成共识，但最近我却越来越觉得有必要。于是我就将节目转到医疗健康频道，先生不高兴地离开了。我去解释，这是为我们好，年纪大了有必要，并且我无法理解他都已经这种年纪了，也经常问有关健康的问题，却不愿运动，吃饱了就坐着，也不看健康医疗节目。

没想到，这引发了先生少有的大声说话的举动。他说："我知道健康对我们重要，但是我就是不喜欢别人逼我。你越逼，我就越不要。"我只感觉无奈，这个大男人竟像一个小孩子一样。

其实，这就是一个纠举的例子。我的话就像抓到了先生的错误——他竟然做着不顾健康的事；这些话也意味着他是个"不值得被爱"的人，于是触到了他的讨爱凝滞点，踩中了他的情绪地雷！所以，纠举只会引起反效果，带来打击。

于是，我慢慢学到一种智慧。我来说说另外一件事！我先生喜欢在家里穿淘汰下来的长裤，而且穿很久不洗，他可以拿手随意在长裤上抹，并不觉得有什么。他说反正已经旧了，常洗是增加我洗衣的麻烦。我好几次跟他说，衣服如果穿一天就洗，那只要放进洗衣机就可以洗得很干净，但是若穿了很多天，洗衣机洗不干净，就要用力刷累积的脏的部分，那才是真的增加我的麻烦。但是他始终听不进去，因为他不是洗衣服的人，一直用他的成见判断事情，还觉得他是为我好，为什么我却不领情。

人生的很多事就跟这样的循环一样，总以为是在为对方着想，其实是很不用心地找到一个借口蒙骗自己，坚持不想听对方的说法。不高兴了，就默默躲开，以为对方不再提就过去了。但是，后来累积久了，越来越难处理，就好像那裤子一般，要用力刷洗，还洗不干净。

为什么不能只穿一天就洗呢？只要放进洗衣机就能洗得很干净啊！这道理谁都能懂，很多人听我这么说，也都能点头称是，好像跟我一样，也都遇上类似的事件，感叹一声“就是猪队友啊”！但是，也有很多人听我这么说，会回应：“这有什么？大家轻松就好，他穿很久，你洗不干净，那就这样呗！没什么不好。”

但是，就是这个刚惹我生气的先生，此刻正在跟学生安排时间，第二天还要上完课赶回来送我去搭高铁。他一定不知道惹到我了，而且他还是爱我的！啊哈！我忽然明白，不是他没好好处理面对我的情绪，而是我没有好好处理面对他的情绪。可能是我没有“接纳”他的好意，心里想着“什么呀！什么叫为我好？”很有可能我在跟他说话时语气很不好，带着批评，例如“拜托，我都说几次了，请你不要那么脏，好吗？可不可以穿一天就洗啊！”

如果我改成“亲爱的，听起来你真的是为我好，才会穿很多天再拿过来洗。但是，我还是想要你能够穿一天就放着洗！因为这样就可以直接放进洗衣机洗呢！”并且我默默告诫自己，千万别提“已经说过很多次”这样的话了，爱他，就是愿意和颜悦色说很多很多次，直到他能感觉你爱他。

要不我也可以这样——站在原地听他说完，不争辩，不评论，只说“亲爱的，我很想洗你身上那件裤子，方便脱下来给我吗？”再不济，等他睡了，偷偷拿走，留张小纸条：谢谢你始终为我想，我也好想为你做点事，裤子我拿去洗了。

或许有人会问，为了这点儿小事写这么多，会不会太小题大做？但是，为了把爱找出来，我愿意。后来先生看到那张小纸条，过来亲了我！这让先生觉得他是值得被爱的，因为我说他“始终为我想”。这句话听起来很能激励人心，很有鼓舞打气的味道！

所以我们可以看到，不同的方法真的会产生完全不同的效果呢！如果我们始终记得“勉励”，就能够避免很多不必要的争执，让我们的家庭生活充满爱。

第 7 章

修炼讨爱功夫

有一回，外孙女小昕昕从书柜里将我的书拿下来，放在地上，翻开，并且拿起笔要在书上涂画。我过去制止，小昕昕很生气。我马上将书放回书架，并且请她来将书推回到原来的位置上。她做了，我就拍手说她很棒，于是她满意地离开。我再度引诱她过来，又将书抽出来，再请她推回去，然后拍手鼓励。反复几次以后，小昕昕竟然自己抽出书来，推回去，还自己拍手鼓励。后来，她又将书抽出来，放到地上，展开。很多父母这时候就会开始生气，觉得才教过，为何就故态复萌。其实，这时候要静待后续发展。小昕昕是在重复一套过程，就是演示给我看，她懂了，要这样将书从地上拿起来，收到书架上。一整个收书程序，她已经牢牢学起来了。所以，父母要静观孩子。

讨爱基本功

我们一路探讨爱的交流，从哈洛的爱的本质，看“讨爱的样貌”；从荣格的内在小孩，谈“受伤的讨爱”；经过马斯洛的讨爱安全感，理解生命的价值；借由鲍尔比的依恋理论，分析亲密关系；通过公平理论，讲述长久深情；到阿德勒的超越自卑，提倡勉励打气。这些大师带引我们一起讨爱，一起把爱找出来。

现在，我们已经能清楚我们的生命盒子是如何运作，又是如何发挥力量，让生命脚本所编写的无数生活剧本都能得到讨爱满足。那么来到最后一章，让我们一起练功，学习如何讨爱，真的把爱找出来。

其实很多生命个体的问题，都是害怕改变造成的。离开自己的舒适圈就很没有安全感，产生一种心理上的恐惧，而想到自己要改变，又有一种很麻烦的感觉。

我们预想一些还没发生的事件时，总是比较容易产生担忧，而担忧就会有很多负向思维。尤其依据生存本能原则，对于无法预知的事情，我们会先做最不好的心理预期。但我们在人生的全过程里，一定会遇到各种不同的情况，而且大部分也无法预期。

我认为面对生命中的不可预期，就像生孩子一般，“痛”才能让我们为了新生命使尽力气；“生产时不痛，事后痛”才真的要人命。而且经过大痛之后看见新生命的喜悦，真是人生难以言喻的一种滋味。在讨爱中的反复修炼，就是这“生产的痛”，越是痛，越说明修炼的纯熟，我们离爱也就越近。

这里，我想提出两个我最喜欢的修练招数。

第一个基本功：欣赏“二度”的改变

如果有当事人问我，爱的转变要持续多少次才能看到效果？我都回答：四十五次。因为我们每次都想要九十度的转变，其实那很不符合人性，大部分的九十度改变，都很容易打回原形。对于到底要持续几次，我有一个计算公式提供参考。

我们通常很希望只要经过检讨，对方就能马上做九十度的大改变，当然也可能是我们自己要改变。但是做了这么多年的咨询后，我对人性有一些比较成熟的看法，就是凡是九十度的改变，都要很大的动机，这其中都隐藏了一个想要快快达到的目的。例如，很多人会说，要我嫁给你可以，你要马上戒烟；但是通常结完婚，烟瘾就马上再回来了！所以，我们不要贪图九十度的大改变，而要学会欣赏二度的微调。这里不说“两度”，却使用“二度”，还有另一层含意，就是“再一次”，不断的“再一次”。

我们常常会在不经意中发现对方其实有听进去，后来发现他改变时，我们心里会很高兴，很感动。如果有一天我们发现自己必须改变，但就是做不到，这时若可以“二度二度”地微调，最后发现原来自己做到了，就会有二度改变带来的深刻欢喜。那么，你希望的九十度改变，除以“二度”，是不是就是四十五次？

唯有一步一步，“二度二度”地慢慢改变，才能真的改变。从今天开始，让我们学会珍惜与欣赏这二度的改变吧！

第二个基本功：警惕“一次联结完成”

在19世纪，美国心理学家华生（Watson）做了一个心理学上很有名的实验，他认为我们可以塑造人的行为。他有一句名言：“你给我一打儿童，在良好的、由我做主的环境中，不管他们的天资、能力、父母的职业和种族如何，我可以任意地把他们培养成医生、律师、艺术家、大商人，甚至是乞丐或小偷。”

为了验证自己提出来的观点，华生将一个很可爱的9个月大的小男婴艾伯特（Albert），从很喜欢小白鼠，塑造成很害怕小白鼠。他设计的实验就是：当小白鼠出现时，艾伯特正要过去摸它，很大的铁锤敲击一段钢轨发出的声音会同时出现，于是艾伯特就被吓到。相同的情况经过七次反复出现后，艾伯特变得很害怕看到小白鼠。在停止实验一个月后，艾伯特的恐惧仍未消退，并且只要是白色毛茸茸的对象他都怕，例如白兔、白色皮毛大衣、棉花、华生头上的白发以及圣诞老人面具等。

其实，华生本来只是要证明他塑造人的主张，但他万万没想到引来了最严厉与最无情的攻击，因为后来他想以相同的方式让艾伯特再次爱上小白鼠，却徒劳无功。

他后来的实验就是小白鼠出现时不再有铁锤敲击声。刚开头

艾伯特还是很害怕，经过很多次很多次，多到他相信不会有铁锤敲击声，这时他才不再怕小白鼠，但是艾伯特却再也无法喜欢小白鼠了。

这样的实验被批评为不人道，再加上绯闻缠身，华生年纪轻轻就离开了学术界。直到 1956 年，《心理学评论》（*Psychological Review*）中的一篇文章谈到华生，称他对心理学的贡献仅次于弗洛伊德。

而后，在 1957 年，美国心理学会决定授予华生金质奖章，奖励证书上是这样写的："华生的工作已成为现代心理学形式与内容的重要决定因素之一。他发动了心理学思想中的一场革命，他的论著已成为富有成果的、开创未来的研究路线的出发点。"华生和儿子前去纽约领奖，此时已 79 岁的他依旧西装笔挺、仪表讲究，然而他最终却让儿子上台代为领奖，自己仅留在旅馆。

我看到这一段，总是不胜唏嘘。华生确实对心理学界的思维有一个开创性的贡献。艾伯特这个实验，对我就有很深远的影响。在日常生活中，我们常常可以看到这样"一次联结完成"的事件。有时候亲密关系里，一个事件发生，尽管后悔莫及，却永远也挽不回，就像艾伯特再也无法喜欢小白鼠一样。

例如一名女子，她公公过世了，婆婆心情不好，常常发脾气。有一天她惹了婆婆不高兴，婆婆寻死觅活的，她先生实在没办法，最后要她跪下来道歉！从此只要婆婆不高兴，她就得跪着，直到她无法再忍受委屈，离开这段婚姻。

还有，相爱的第一个早晨决定了以后所有的相处模式，当天谁弄早餐的，以后就谁弄，谁叫谁起床，以后就谁当闹钟。然后，你会明白，每一个第一次的联结怎能不小心，因为一旦联结完成，你得重复几百次、几千次、几万次啊！像华生的实验一样，虽然小艾伯特不再害怕白色的毛茸茸的东西，但也无法如同原来一般地喜欢小白鼠了。

所以，如果冲动发了脾气，说了气话伤害了人，真的就很难再回到原来的关系。就算运气好，可以回到原来的关系，也很容易旧疾复发。因此，还是要想办法改自己的性子。身体生病了，有急救包；心理生病了，也要有急救包！所以，我总是强调要将“一次联结完成”这个概念谨记在心。

我给的所有参考方法里面，最受欢迎的是这个心灵急救包：就是，每到自己很急躁、很冲动时，就将手默默握拳，数数字，从一数到十，再说出来，再行动。如果不行，就改数羊，一只羊、两只羊……数到十只羊。如果还不行，就改数“一只生气了不可爱的羊”“两只生气了不可爱的羊”……数到“十只生气了不可爱的羊”。再不行，就改数“一只生气了不可爱的会后悔莫及的羊”“两只生气了不可爱会后悔莫及的羊”……一直数到“十只生气了不可爱会后悔莫及的羊”。

关于实行，没有便利的方法，没有速成的解决方案，只有努力不要犯。如果已经发生，那就努力改善。让我们明白自己的讨爱凝滞点，然后靠自己改善，最重要的是要持续，持续天天认识自己，一点一点地让自己自在舒适。

领悟很容易，发愿很容易，所以很多人常常发愿。但是我们要记住，不要常发愿，我们要发常愿——多多倾听，与自己内在对话，只是去觉察，引动我们内在那个“值得被爱”的生命盒子，去觉察自己的心是否自在平静，知道“你不是活在一个世界中，而是，一个世界活在你心中”。

通过不断地重复，我们似乎可以发现最真实的自己。通过观照自己内心的生命故事，我们会发觉自己更有勇气去面对它、接受它、宽恕它以及释放它。

讨爱进阶式

讨爱基本功就好比练武功时的扎马步，如果够扎实，那我们就可以开始来练武功招式了。在家庭教育里，我们到底要练怎样的武功才好呢？当然是能将家人之间的爱找出来的所有招式。让我们现在开始吧！

练武第一式：一个问题

"我可以问你一个问题吗？"

我们当父母的都想给孩子最好的，但是往往忽略了我们生长的时代跟他们完全不一样，我们在自己那个时代环境里的选择是有当时的条件的。所以，我们要记得，讨爱切忌高高在上或卑下委屈，最好是诚心地探讨出最佳方式，这是一种基于尊重的平衡的沟通方式。

我是尊敬我先生的，现在，当我开始问出一个他不便回答、不知如何回答或者不愿意回答的问题时，他竟然也能说出"你问

了一个好问题”，真是了不起。我就来将这个我传授给先生的武功秘籍，也教给大家。

我先生使用“我可以问你一个问题吗？”来作为人际来往的话语，大约有 10 年了，这使他开始了不同于以往的人情往来。我在 30 岁时认识我先生，并与他结婚，后来我们一起升格当父母，而儿子和女儿来到我们家的时间，跟他努力升职到教授是同一时段。那时，我们家有很多危机，往上有孝顺危机，中间有婚姻危机，往下有教养危机。这些危机全跟“讨爱”有关。

我先生是新竹清华大学数学教授，结婚后不久我就发现他不多话，讲起话来言简意赅，最多的一句是，交代完后会问“你懂了吗？”或者“你懂不懂？”我却很不喜欢这句话，听起来好像我们不聪明，听不懂他说的那种没什么道理、像命令一般很权威的话。我有时心中想起来，真后悔没多了解，就嫁给这个人。

可是，他现在不一样了，仿佛他的专业也是心理咨询一样，他开始懂得倾听，让人觉得温暖，更使人觉得他很尊重人。我家孩子跟他的关系也因此改善很多，我也越来越欣赏他，而他还被我爸爸评为能聊天的最佳女婿。

我先生其实是个害羞的人，他有社交焦虑。所谓社交焦虑，指的是这个人很在意别人对他的看法，因此，他会很小心翼翼地表现他自己。当然你或许不相信，一位清大教授对于人际却很没有信心！所以他第一次见我时，被我的潇洒不拘深深吸引。他说有人知道不该说什么话，却不知道该说什么话，那就是他；可是有人不知道不该说什么话，但是知道该说什么话，那就是指我。

他在我家见我会随意跟爸爸妈妈抬杠，在学校跟老师斗嘴，他实在惊讶。他不敢，只要是长辈，不论是爸爸妈妈、老师还是别的长者，他都一样，毕恭毕敬，不敢发言僭越。他总是认为我跟人没有距离才会受伤，尤其是财物以外心灵的受伤。

他很稳重，相对地，他也总是很担心，不同于对待长辈，他对孩子总是要交代再交代。有时候这会让人觉得很烦，因为显得啰唆。我不喜欢他的啰唆，但是在可以接受的范围内。可是孩子渐渐长大，有一天我听到儿子跟别的孩子交谈时，竟然也说起“你懂不懂”时，我吓到了——这超出了我可以接受的范围。于是，我决定他们父子都必须接受礼貌会话大改造。

我选了一个在咨询时使用的问句来进行改造。咨询时，想引导当事人能向内看见自己的问题与感受，最好使用问句。所以，我开始在家里的对谈里不停使用“我可以问你一个问题吗？”这句话，没想到效果奇佳，这句话变成我家的口头禅、座右铭。所以在这里，我将它列为练武第一式，推荐给大家。

先来说说“我可以问你一个问题吗？”的功效。有一天，我跟先生到我家小区游泳池消暑，遇到同住一栋大楼的一对兄妹，于是聊了起来。先生跟那位小哥哥（约 9 岁）说：“我可以问你一个问题吗？”那小哥哥看着王教授，很认真地点头说：“好”。

王教授问：“为什么你的额头有个淤青？”小哥哥说：“是被妈妈用手机打的。”王教授又问：“那你愿意告诉我，妈妈为何要打你吗？”小哥哥说：“因为我很调皮，我作弄妹妹，被妈妈发现了。”

王教授继续说：“那我可以再问一个问题吗？你有哭吗，会痛吗？”小哥哥说：“我没有哭，可是妈妈哭了。”王教授又问：“那

你愿意告诉我，妈妈为什么哭了？”小哥哥说：“我妈妈打电话给外婆，说她不应该对我生这么大的气，她边说边哭。”王教授问他：“所以你也觉得难过啊？”小哥哥说：“我想我不应该这么调皮，让妈妈这么难过的！”王教授摸摸小哥哥的头说：“你真是好孩子，你很懂事。”

“我可以问你一个问题吗？”这句话很好用。在这个例子里，这句话是一种请问句，会让人觉得很受尊重，感觉上并不是要来说教，而是像想要多了解你，可是又担心侵犯到你的隐私一样。那小哥哥在这句话所制造的氛围里，一定感觉到被尊重了——王教授是个大学教授，比爸爸年纪都大的长辈，却很关心我，还来“请问”我，于是在这种被尊重、感觉自己“很值得被爱”的情况下，就一五一十将自己的行为、心事以及反省都说出来了。

父母常说要跟孩子沟通，然而我们中国人的家族文化就是个有上下级关系的权威文化，所以，所有在上者包含父母，很容易将沟通变成说教或者说服。然而，“我可以问你一个问题吗？”可以将纠举教训的指责情绪，转变为勉励沟通的和善请教，让彼此都能在友善和气的氛围里，将最美好的心意传达出来。

我不是生你的气，我在生我自己的气

有一次，我在星期天早上要出境参加会议，心里想好前一天也就是星期六要找我的美发师。但是因为忙碌，我最终忘了提前几天先约，直到星期五傍晚想起来，才赶快打电话。我的美发师说她等一下要去上课，明天有事休假，能有的时间仅剩下现在的1小时，所以只足够帮我剪发，无法洗发、护发。我很懊恼，但是也希望她能延后她的烹饪课，因为她只是去当学生。她说不行。我心里不快，就说那我找别人好了。

放下电话，我心里却更懊恼，担心找个不熟的，说不定更糟，于是拿起电话跟美发师说，我马上过去。这时候已经将近7点了，我无法煮完饭，也无法吃饭，我先生便很体贴地拿来面包，要我一边剪发一边吃，说是担心我胃不舒服，一饿又要患胃痛。可是我很急躁，说我不要，还挥手推开面包。他说还是带着。我就生气了，说不要烦我。

顷刻间，我觉察自己的情绪太糟，竟然迁怒于先生。先生开车载我过去，他很体贴，对我照顾周到，但是他看起来情绪也很差。我知道是我刚刚乱发脾气，伤及无辜了。这时候，我就自己缓了一下，然后用低语调跟先生说："先生，我可以问你一个问题吗？就是啊，我刚刚发脾气是因为我自己遇到挫折，我没想到美发师会没有时间，一时很难接受自己的疏忽，所以我跟自己生气，心情还没调整过来，不是对你生气。可是你不像我，即使我刚刚对你乱发脾气，你却能不动声色，依然载我来剪头发，你是怎么做到的啊？"

"我可以问你一个问题吗？"这句话很好用。在这个例子里，我其实是很巧妙地转到一个好台阶，让自己能从容下来，不至于太难看。如果只是一般的对话，我应该还无法这么容易地解释清楚我的乱发脾气；而且对于我的解释，对方可能也只会觉得我找了借口，这样所有焦点都在我，好像我只是在给"乱发脾气"找脱罪借口。

然而，我使用这一问句，巧妙将焦点转到我想"改变"而且

想向先生学习，这是我在投诚，向先生叙述，他是那么的好，我是那么的糟。这时候，先生会很清楚听到我说他好，而不会认为我是在找借口掩饰我的乱发脾气。

然后我继续："我可以再问你一个问题吗？就是啊，我在想我也不可能一边剪发，一边吃面包吧！那发屑会掉在面包上。所以我想请问你，我等一下回家再吃，可以吗？"先生也轻轻握我的手，然后他脸上的表情又恢复了原来的温和。

我心想，还好我很快觉察了自己心理上的挫折，虽然只是不经意的片刻。当我被我的美发师拒绝说不行时，那种我不值得被爱的心事就要出来了。我拒绝先生要我带面包时，他就是踩到我的情绪地雷了。结果却是，他从中感受到"他不值得被爱"，因为我骂他烦，那也会是他的情绪地雷。夫妻会吵起来，都是这般小事呢！吵多了，吵久了，感情就越来越差，从良缘变成恶缘，最后就变成了大灾难！还好，先生修养好，只是当下心情很糟而已。

我通过"我可以问你一个问题吗？"将这个不愉快，从处于被引爆边缘的指责教训，转为"请教沟通"，直到他完全知道原来我的情绪不是针对他，而是我自己心理的小剧场在作祟，他当然也就能体谅了！

练武第二式：三个小人物

"3M"转量贴

每个人心中都有两种讨爱的生命盒子，一种盒子上面贴着标识“我是值得被爱的”，另一种盒子上贴着标识“我是不值得被爱的”。每个讨爱盒子里面都有许多的 3M（Three Members）卷标贴，3M 卷标贴有三个不同的名称，就好像群组里的三个成员，有好人、坏人和无辜的人，这三个成员所代表的意义是讨爱里互相关联的人。

这里先说明：所谓好人与坏人，只是在单一事件里的指称，坏人是坏了这件事的人，好人是成全了这件事的人。

1 在“我不值得被爱”的讨爱生命盒子里，标签贴纸上的三个成员有可怜的无辜人、可贵的好人和可恶的坏人。

图 2

如果一个人经历了灾难或苦难，他为自己的讨爱生命盒子标示了“不值得被爱”的标签，那他就极有可能从他的角度出发，认为坏了他的事的人很可恶，并且会觉得自己很可怜，是无辜遭逢别人的恶意算计，而可怜的自己不值得被爱，只能等待好心人来相助。但是世间少有人会想出手帮助可怜人，这样的好人是可贵的。

所以，在“不值得被爱”这个讨爱生命盒子里，3M 标签贴

纸所代表的相关联的对象分别是可恶的坏人、可贵的好人，以及可怜的无辜人。

2

在“我值得被爱”的讨爱生命盒子里，标签贴纸上的三个成员有可取的无辜人、可靠的好人和可悲的坏人。

图 3

生活满足的人，一样会经历灾难与苦难，但是他的人生态度使他感恩这些不顺的经历给自己带来的挑战与体悟，他给自己的讨爱生命盒子标示了“值得被爱”的标签。因此，他自然包容量变大，即使对坏了他的事的人都能发挥同理心，认为他们一定也有不得已的苦衷，同情坏人的可悲，于是也就能释怀。

这样的人正向看待自己，因此拥有正能量，他们不会觉得自己可怜，反而会找出自己还拥有的力量，这是作为被欺负的无辜人最可取的地方。对于别人的相助，他们会感恩，并且不想要别人直接帮他解决问题，他们要的是一种可以信赖、依靠的精神力量。

所以，在“值得被爱”这个讨爱生命盒子里，3M 所代表的对象分别是可悲的坏人、可靠的好人，以及可取的无辜人。

“不值得被爱”贴着可怜、可恶、可贵的讨爱勒索标签

明明讨爱是一种生命的交流，为何却要变成勒索，让人痛苦？又为何我们只会用勒索的方式讨爱呢？

当一个人为自己的讨爱生命盒子标示“我不值得被爱”的标签时，这个讨爱凝滞点就产生了，就好像停滞在某个时间点上面，尽管看起来生活继续前进，但心里的感受与情绪却停在那里，没有向前。因为“我不值得被爱”是一种“看不起”自己的概念，让人确认自己是这样的没有价值，这种认知是令人痛苦的。人类面对痛苦时最想做的事就是，希望痛苦能马上解除，越快越好。逃避是最快捷有效的办法，但冰冻三尺非一日寒，痛苦是日积月累来的。

于是，人们就躲进自己创造的角色里，在讨爱的生命盒子里取出一张标签，为自己贴上一张“可怜的无辜人”，等待可贵的好人出手相助，用这样的方式讨爱。

个体就这样先说服自己，继而想说服别人相信自己是无辜的可怜人，遇到了可恶的坏人，是如此无助，如果遇到有人愿意出手相助，那么自己就可以暂时躲着，不必面对现实。直到痛苦再度跑出来时，自己一定会再次装成无辜的可怜人，因为上次已经成功由好人出手帮自己解决问题了，这当然是个好方法啊！所以，扮演无辜者就会成为一种利器，然后变成一种习惯。最后“不值得被爱”的自己，终于真的变成了可怜的无辜人。

举个例子。宏宾从小很会读书，每次有好成绩就想看见他的

妈妈有多么高兴，但是妈妈却常常因为爸爸的晚归与不归生气。宏宾见过妈妈威胁爸爸，说要带着他一起跳河，让爸爸后悔。

其实爸爸妈妈都很爱宏宾，在他刚满 18 岁时，还特意买了一台跑车供他使用。可是，宏宾还是有了讨爱凝滞点，他觉得自己是不值得被爸爸爱的小孩。没有外出的时间里，他总是一个人待在房间；他常常头痛生病，功课开始时好时坏；而最奇特的是，他的朋友都因他而闯祸，例如借他的车去飙车，然后被抓到警局。这时候宾宏的爸爸妈妈就会出来救他。所以，他不停地让朋友闯祸，扮演可恶的坏人，而他是无辜的可怜人。这样，宾宏爸妈就如同可贵的好人一般来救宏宾。

另外一种解除自己痛苦的方式，是将自己抬高。这样的人，并没有给讨爱对象一个好的、正向的回应，他的心里一直争辩，默想“既然你认为我是不值得被爱的，看不起我，那我就表现给你看，让你后悔”，用这样的方式讨爱。他会努力地壮大自己，成为很有价值的人。这看起来很好，但是其实他的动机不是为了成长，而是为了报复——让看不起他的人后悔，或者通过帮助别人而打击他心中的坏人。

再举个例子，华彦是个心理咨询师，有一个感情很要好的妹妹，他们常常互相分享生活中的感想。但是，他的妹妹有次看见一位男生全身是伤，好像还流着血，当时四下无人，她主动靠过去帮忙，没想却因此遭到强暴。从此妹妹变得不再分享，不爱说话，常常六神无主地呆坐着，最后自杀了，华彦为此非常痛苦。

所以，当他有一次接到被强暴的个案咨询者时，他完全无法细听对方心里真正的想法，却很激动地表示他都能感同身受，并极力主张咨询对象一定要勇敢站出来，将强暴者绳之以法。咨询对象心里很痛苦，也很挣扎，她虽然觉得华彦很能深入了解她，给她很重要的支持，但是也很担心让别人知道被强暴的事，她将更无脸活下去。华彦最后竟自己找来性别平等会处理此事，而性别平等会里有一位性情激烈的女性，想要大力惩戒此施暴者，导致事件曝光，结果让咨询对象陷入更痛苦的无底深渊。

其实，华彦只是将妹妹被强暴的痛苦心事，强加在咨询对象身上，这看起来是帮个案对象主持正义，实质上却是为妹妹报仇。

还有一种解除自己痛苦的方法，是直接当坏人，这样就没有人能够欺负自己、看不起自己了，用这样的方式讨爱。将自己摆在高位，看不起那些没有价值的人；欺骗自己，将自己变成另外一种人，只要欺负别人，就可以感受到自己是有价值的。

举一个简单的例子，一次，燕玫作为受邀专家前去参加一个电视通告，但她却没有个人的化妆间。当时制作跟主持人商量，借他的化妆间给燕玫使用，却被主持人拒绝。最后，燕玫是跟其他艺人共用的化妆间，燕玫欣然接受，因为也可以多跟别的艺人认识。

但是这位主持人心里好像有些过意不去，他过去跟燕玫解释自己的行为。他说他以前还没出名时，被很多人欺负，甚至没有化妆间可以使用，只能到厕所化妆更衣。有一次他不小心听到别人对他的批评，说像他那么丑，根本没资格使用化妆间，化妆也没用。他一直忍着，发誓有一天如果红了，他一定也要有自己的化妆间。现在他红了，便坚决不让任何人使用专属于他的化妆间，瞧不起那些没有化妆间的艺人，总是用高姿态对待他们，因

为对他来说就是这些人在背后说他坏话，看不起他的。

为什么个体生命要这样伪装自己，逃避痛苦呢？因为“自己不值得被爱”是太令人痛苦的感觉。所以，为了消除痛苦，个体便将自己真正的想法隐藏起来，隐藏到连自己都觉察不到。

这些痛苦，其实就是来自过往的一个讨爱凝滞点，是无法觉察的潜在意识。大部分时候，人们因为觉得自己不值得被爱，习惯于躲起来，不想呈现真实的自己，于是另外为自己贴上一张标签，欺骗自己说这个标签角色才是真的自己，这样就不必直接面对残酷的现实。

所以，当一个人无法让自己有价值的时候，就会生病，然后像病急乱投医一般，怎么舒服怎么躲，想着能够暂时不痛苦就好，如果能够躲一辈子更好。

为什么人们要躲进贴上标签的角色里呢？因为自己不爱自己，觉得自己不值得被爱，焦虑又想逃避。躲起来不仅可以逃避责任，将责任转嫁到别人身上，还可以得到安抚。这些贴着标签的自己的行为，多少都能暂时抚慰感觉自己没有价值的伤，安抚自己不安全的灵魂。

其实，我们应该将“不失去地爱自己”的心理情感与别人联结，才能真正拥有长久的爱，因为这样才能感到自己是值得被爱的，并将这种感受也带给别人。

讨爱转量贴三步骤

如何“不失去地”爱自己呢？从讨爱凝滞到讨爱满足，一定有方法可循。我的方法就是，使用自制的“讨爱转量贴”。这个方法一共分三个步骤：第一步是把爱找出来；第二步是先看看自己贴了怎样的标签；第三步是再换个有爱的标签，演练并表达爱。

下面通过一个例子告诉大家如何操作。我和我家先生刚结婚时，我妈妈一定是今天吃多少煮多少，不会让家人吃剩饭。我先生家不一样，他说婆婆都煮一大锅，爱吃多少就吃多少。

是的，我以前到过亲戚朋友家吃饭，了解确实有许多不同的方式。那关于这个新家应该怎么办？我问先生，这一餐要吃多少，请他预估一下，他不愿意，他想要我像婆婆一样煮很多，让他可以爱吃多少就吃多少。我只好姑且估计先生的饭量，结果第一餐就过剩。

我问他："这些剩饭剩菜你的妈妈怎么处理？"先生说下一餐再拿出来吃，我就照办。等到下一餐，我并没有看见先生吃剩菜，反而又剩下了一些当天的新菜。于是我就只好处理昨天的剩菜，我的方法是倒掉，因为我娘家从来都不吃剩菜。先生说这样会被雷公打，我说造成剩菜的结果是因为你不好好估计你的饭量，雷公只会打你，不会打我。

我问他家剩菜都谁吃，他说他妈妈吃，于是我就将菜又收进冰箱，说："那我就照办，回婆家时带回去给你妈妈吃。"哈哈，想来先生真的很怕我会这样做，那就太不孝、太尴尬了，从此先生都会跟我说他要吃多少。

下面，我将说说如何通过转量贴一步一步讨爱成功。

第一步：把爱找出来。

我先生想要我吃剩菜，这让我有了讨爱凝滞点，因为我妈妈

不会要我吃剩菜，这使我觉得我在妈妈心中是值得被爱的，但相对地，我在我先生心里是不值得被爱的。

现在，我就要把爱找出来，通过看见“妈妈的爱”——不论是先生的妈妈，还是我的妈妈，她们都爱孩子，不会让孩子吃剩菜，只是婆婆的方法是她自己吃，我妈妈的方法是不让家里有剩菜。

第二步：看看自己原来贴了怎样的标签。

还没结婚前，我先生只能去吃自助餐，后来有我煮饭给先生吃，所以我给自己贴上“可贵的好人”标签，给先生贴上“可怜的无辜人”标签。

菜剩下来了，我认为应该先生吃，这时在先生眼里，我成为坏了这件事的人——自己不吃，却要他吃。因此，我被先生贴上“可恶的坏人”标签。而婆婆会在下一餐吃掉剩饭剩菜，所以婆婆则贴着“可贵的好人”标签。

第三步：换个有爱的标签，演练并表达爱。

我决定为自己贴上“可靠的好人”标签，让我先生学会为自己制造的麻烦负责。先生后来领悟了，他是贴着“可悲的坏人”标签，让妈妈一直都是贴着“可怜的无辜人”标签，吃剩菜。

为了不要让心爱的老婆也贴上“可怜的无辜人”标签，所以决定给自己贴个“可取的无辜人”标签。他学会清楚明白地陈述自己想要吃的饭量，这样，他在老婆眼中就成了个贴着“可靠的好人”标签的老公。

很多时候，长期相处在一起的人总会忽略身边的爱，或是把爱扭曲变形，变得无法辨识出彼此之间的互动原来是一种讨爱与交流。但是，只要多花点时间仔细感受，一点一点抽丝剥茧，就能发现隐藏在身边的爱。每一个行为或动作也因此有了合理的解释，那全是出于爱人与被爱的动机。

很多人将“我不值得被爱”的情绪累积起来，伪装起自己，但我们却总深知这件事——如果我们愿意找出其中的爱，就会发现那些无解的事件背后都是出于讨爱的目的。一旦理解了这点，彼此的讨爱就能得到互相呼应。

我将通过一个故事，详细地拆解和说明这三个步骤，帮助大家更清楚地了解“讨爱转量贴”的运作方法，将来可以在自己的日常生活中不断实践。

从小就缺乏自信心的她，该如何讨爱？

豆豆是暴力家庭中长大的孩子，妈妈长期被爸爸家暴。豆豆很不简单，在困苦的环境中，经过家扶中心与一些师长的帮忙，很努力地来到了研究所读书。起先她说她长期浅眠，所以来咨询，这让人听了心疼。

在她小时候爸爸醉酒回家会打妈妈，为了随时准备保护妈妈，她睡觉时都保持警觉。豆豆的爸爸在她小学五年级时就跟她妈妈离婚了，妈妈通过打工含辛茹苦地养大三个孩子。在豆豆心中，其实还有一件让她很难过的事，就是她偷听到父母争吵着要离婚，在怄气、盛怒的情况下，爸爸说要弟弟，妈妈说要妹妹，而豆豆是他们两个人都不要的孩子。

豆豆一直不明白到底为何会如此，她将这件事放在心里最深的地方，很久才说出来。豆豆因此有了一个讨爱凝滞点，她觉得自己是一个不值得被爱的人。我后来告诉豆豆，因为豆豆是他们两人都觉得不需要操心的人，所以他们才没有选她。

这些年来，豆豆的妈妈患了忧郁症，经常有自杀行为。十多年内，她妈妈已经实施自杀二十几次了。豆豆现在接到消息说妈妈自杀，都不再慌乱，她会从容地骑车回家，将妈妈吞进嘴巴里的安眠药尽量挖出来，然后再叫救护车送妈妈到医院。后来有几次，妈妈醒来就哭，说豆豆是个无情的人。

我问豆豆，她爸爸已经离开，为何经过了这么多年，她妈妈还是想自杀？豆豆说她妈妈又找了一个男友，而这位男友又会打妈妈。啊！难道被家暴者就是走不出被家暴的命运，为什么？豆豆说她妈妈是自找的，她要妈妈离开这个男人，但是妈妈始终离不开。

我问豆豆，有没有想过，妈妈是因为她而想要自杀呢？我说她妈妈是用自杀来讨爱。豆豆不能接受这样的说法，于是回家问妈妈，想要确定妈妈知道自己很爱很爱妈妈，豆豆还为此录音存证。那么，让我们一起看看，豆豆是如何通过转量贴三步骤回应妈妈的讨爱。

第一步：把爱找出来。

我跟豆豆讨论了有关她妈妈跟她讨爱这件事。我跟她说，当她妈妈被她爸爸打时，妈妈感受到了豆豆强大勇敢的爱，知道豆豆很爱妈妈，会不畏惧被爸爸打也要保护妈妈。那时对妈妈来说，虽然自己的男人不爱自己，但是她知道有一份更棒的爱，来自豆豆。

然而，自从妈妈跟爸爸离婚后，豆豆这份勇敢保护妈妈的爱就不见了。妈妈为了找回这份爱，于是在潜意识里，有意无意再度引来家暴男，只为了再次看见奋不顾身保护妈妈的豆豆。这就是一种讨爱——妈妈需要豆豆的爱活下去。

但是，豆豆对妈妈的讨爱变得淡漠，才会让妈妈一再重复自杀的行为。一方面，豆豆偷听到爸爸妈妈的对话，发现他们都不要她，使她觉得自己不值得被爱。另一方面，妈妈又找了一个男朋友，这让豆豆更加觉得在妈妈心中她是不值得爱的。于是，豆豆有了一个很深的讨爱凝滞点。而豆豆妈妈因为被她爸爸家暴，也有这样的讨爱凝滞点，后来男友打她，是加深了这个讨爱凝滞点。可是，她们母女却注定要在一起共同生活下去。

其实妈妈的讨爱对象变成了豆豆，豆豆却误以为妈妈找男朋友是别有所爱，从而加重了“自己在妈妈心中不值得被爱”的讨爱凝滞点。由于豆豆读不到妈妈的讨爱，于是她将妈妈的自杀解读成了不甘被家暴。

第二步：看看自己原来贴了怎样的标签。

妈妈一直不明白自己的生存意义，但潜意识里知道豆豆最在意自己。由于很久感受不到豆豆的爱，妈妈便猜想豆豆可能已经不爱自己了，于是给自己贴上了“可怜的无辜人”标签。

然后，她又选择贴上“可恶的坏人”的标签，伤害自己，想要给豆豆贴上“可贵的好人”标签，来救自己。于是妈妈被打、

自杀，演着幻想里被豆豆救的戏码，在讨爱凝滞点的漩涡里回旋，却屡屡伤心，更加证明自己不值得被爱。

这是忧郁症患者令人不解的自杀的漩涡，连她们都不清楚，明明周围这么多人爱她，自己为何还要自杀。其实，这就是那“不值得被爱”的讨爱凝滞点在作怪。

第三步：换个有爱的标签，演练并表达爱。

经过分析，豆豆找到了妈妈的讨爱。豆豆忽然明白，她是爱妈妈的，虽然当时妈妈没有选择她，但是她觉得我说得对，她是不需要大人操心的孩子，放心也是一种爱的表现。于是，豆豆脱离了讨爱凝滞点，她相信自己值得被爱。

但现在是妈妈感受不到她的爱，所以豆豆开始学着用妈妈想要的方式爱妈妈。以往妈妈想知道豆豆每时每刻都在做什么，对妈妈来说，她自认为自己是“可怜的无辜人”，期待豆豆能成为“可贵的好人”来救她。而那时感觉“不值得被爱”的豆豆，总觉得妈妈这样的要求是在管束她，让她感到不自由。那时，妈妈是“可恶的坏人”，豆豆是“可怜的无辜人”。

而现在，感觉“值得被爱”的豆豆会告诉妈妈，为了让妈妈感受到她的爱。这时妈妈是"可悲的坏人"，而豆豆让自己成为"可取的无辜人"，对妈妈来说，豆豆就是"可靠的好人"。豆豆主动告诉妈妈自己的动向，发挥自己的力量，让转量贴转化出正向的爱的力量。

虽然豆豆现在的男友很爱她，但她还是害怕自己会跟妈妈一样，将来结婚遇到家暴。我跟豆豆说，试着去跟爸爸对话，爸爸在家会有家暴行为，可能是有原因的，比如在外受到委屈，回家没人谅解。就像豆豆妈妈患上忧郁症，不断寻求自杀，活不出生命价值一样，她不知道如何接受与感受丈夫的爱，也由于讨爱时得不到爱的回应，才会产生讨爱凝滞点。豆豆爸爸或许也有某种讨爱凝滞点。当时会家暴的爸爸就是“可恶的坏人”，妈妈和豆豆都是“可怜的无辜人”，对妈妈而言，那时候的豆豆还是“可贵的好人”，会拯救妈妈。

豆豆接下来的行为令人赞叹，她拿起电话，开始跟她爸爸通话。因为豆豆从妈妈的例子里学到了要让自己成为“可取的无辜人”，于是她勇敢打电话给爸爸。爸爸说起当豆豆是新生儿时，必须去医院矫正身体，每周要去三次。每回豆豆都会哭，而爸爸一定尽量陪着她，安慰她。这样一回想，豆豆才发现原来自己以为的“可恶的坏人”——有家暴行为的爸爸，也曾是“可贵的好人”。

他们又聊到爸爸很会作画，卖了作品的钱甚至可以是一个月的生活费。豆豆小学二年级时，主动报名画画比赛，题目是动物园，爸爸称赞豆豆好有勇气。但因为豆豆和爸爸都忘了日期，所以直到比赛前一天才想起来，不得不赶作品。爸爸便拿出自己的画箱，教豆豆将画面分区规划，然后提议豆豆画她最喜欢的动物，豆豆便画了长颈鹿。最后，豆豆的画作得了第二名。这时候，在豆豆心中，爸爸是“可靠的好人”。所以后来，在没有爸爸的岁月里，豆豆终于明白为何她很喜欢去动物园，原来豆豆也很想跟爸爸讨爱，因为在她心中爸爸是值得被爱的。由于豆豆将爸爸的爱找出来了，此时的她成了“可取的无辜人”。

对父亲的孺慕之情，在女儿的生命里至关重要。就像豆豆知道爸爸爱画画，于是报名画画比赛。通过“转量贴”的练习，豆豆不仅感受到自己在妈妈心中值得被爱，也感受到自己在爸爸心中是值得被爱的，于是，她找回了自己的讨爱满足点。

练武第三式：五个心理位置互换

“爱的抱枕”

人本主义心理学认为，最重要的是对个体的潜能充满尊重。这一学派的学者都主张让每个个体都发展出独特的潜能，“同理心”的概念也因此出现。

人本主义心理学的理论，在 20 世纪后半叶受到人们的青睐。心理学家提出的“同理心”的意义有很多。例如，最早提出同理心概念的费什巴赫（Feshbach）认为同理心是一种能够了解、预测他人行为和感受的社会洞察能力。人本心理咨询大师罗杰斯（Rogers）认为同理心是指暂时进入对方的内心世界，不带任何评价地去感受对方的感受和经验，敏锐觉察对方经验意义的改变。后来提出人类的利他性和换位思考观点的霍夫曼（Hoffman）认为同理心是不仅能正确感知对方的感受，还能对他人的处境有合适的共情性回应。

这些定义都相当能让人感受到温暖与被了解。然而，其中只有罗杰斯的定义将如何表达共情说得最清楚，即“不带任何评价”的一种态度。罗杰斯主张，如果我们对一个发生问题的个体给予共情心的对待，适当的引导，个体自然就会努力向上。他的立场，跟我们前面提及的“勉励”的观点是一致的。

共情是心理咨询员必备的功夫，它是一种深度倾听，能引导个体真正找到自己心中的最佳答案，而不是咨询员给的答案。共情的关键是能够从各个角度思考与观看自己面临的问题。如果我们能经过讨论，从各面向思考一件事，那我们就能找出最佳解。所以，接下来请大家一起来做一个作业：“爱的抱枕”。

“爱的抱枕”有四个角，中心区是最柔软的部分，咨询中心的会谈室里几乎都有抱枕，提供给来谈的人。很多人讲述自己的故事时都会痛哭，泪水湿透了抱枕，但是抱着抱枕会让人觉得释怀与被疗愈。

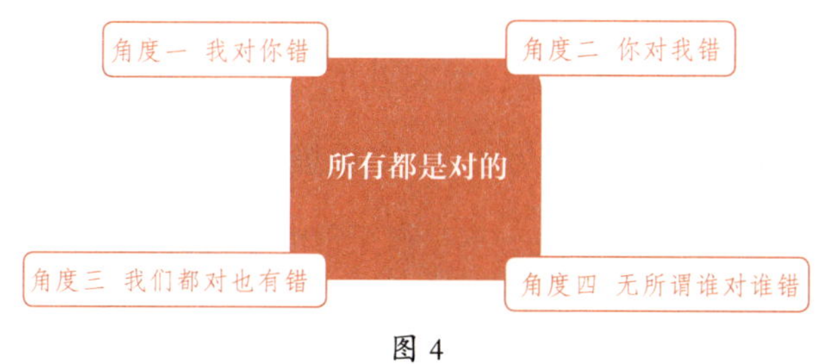

图 4

如图 4 所示，爱的抱枕有四个角和中间部分，这五个部分构成“爱的抱枕”的全部，就像一件事不只有一个角度去看一样，四个角代表四种看法。而中间部分代表融合统一的状态。下面我举几个咨询对象自述的例子，说明要如何使用“爱的抱枕”。

妈妈苦恼儿子不陪自己

状况：儿子老是与我起冲突，每次放假在家，都不肯起床，

一直天昏地暗地睡，我很看不惯。如果他起床了，就想往外跑，我都不知道他回家来做什么？我希望他能在家多跟我说说话，帮我做些事，可是他总是说他希望能多睡一会儿，并且能有自己的时间。让我们分析下，看待这件事可能会有哪些角度。

角度一：我对，儿子错了

我平常上班忙工作，在家操心一家老小，没有时间做自己喜欢的事，或者跟孩子多说说话，只能利用假日在家才做到。但是到了假期，孩子就是睡，不然就是跑出去，一叫他过来跟我一起，他就嫌我烦。我觉得他应该要体谅我的心意才是。

角度二：儿子对，我错了

儿子天天放学就回家，到家就忙功课，有时候还要上才艺班，他一定希望假日能好好休息，做他想做的事。年轻人喜欢到外面走走、和朋友在一块儿，本是很正常的事，我却只想到要把他留在家里陪妈妈。

角度三：我们都对，也都有错

儿子对，因为儿子想让自己的身心得到舒展，多补充一些睡眠；我错，因为我没有考虑到儿子的感受。

我对，因为我爱子女，希望他们勤快一些，而且我很想多知道儿子的一些想法；我错，因为我忽略年轻人的需要，他们喜欢和朋友在一块儿，我只想到把他留在家里。

角度四：任何关系都无所谓

我和儿子都有各自的想法。我知道儿子爱我而我也很爱他，其实只要双方都有体认，在做法上有些不一样，也就没有什么关系了。

角度五：所有的角度方法都对

我想我和儿子只要彼此沟通一下，让对方了解自己的想法及需要，事情应该就容易解决。

“爱的抱枕”对我的影响

在做这个练习的时候，我必须要放弃自己很多的成见，才能够去思考“对方是对的”这个角度。不过，当我真的试着去体会儿子的感受时，我觉得以前自己的态度实在太激烈了，于是我开始对以前感到不满的事或人重新评估。我发现，其实很多时候，我们彼此都太固执己见了，倘若尝试一下站在对方的立场上想问题，就能比较了解为什么对方会这样做。因此，现在我对别人会多一分尊重，因为我感受到不被别人了解及体谅是一件多么难过的事。

对事件的影响

在做了这个练习后，我决定好好跟儿子沟通一下，我告诉儿子我的想法及需要，他听了第一个反应是很高兴，因为我愿意跟他用“理性”的方式沟通，而不是责备。那天我和儿子聊得很愉快，我能很清楚地知道儿子对我的关心，也体会到儿子的心情。之

后，我们达成了协议：放假期间儿子可以睡晚一点，白天帮忙把家里清理一下，下午就是他“自由活动”的时间啦！我们俩都真的很高兴能有这样完美的结果。

对“爱的抱枕”的看法

这个练习不但帮助改善了我和儿子的关系，同时也使我在处理人际关系上进入一个新的阶段。“多设身处地为别人着想”是我从中学习到的最大心得。

妈妈阻止女儿重考大学

状况：之前我得肝病住院后，我妈妈总是认为这是我经常熬夜念书导致的。所以后来我参加大学联考失利，想继续念书重考大学，她一直不希望我重考，反而想我找个工作，过平凡的生活。为此我和妈妈之间产生了很大的矛盾。4 年前，我报考了二专夜间部，她知道后大发雷霆，我也很生气她不肯让我去念。让我们从不同角度看看。

角度一：我对，妈妈错了

我只是高中毕业，不念书哪里有前途，找工作也不可能找到太好的。我对自己的未来有自己的想法，而妈妈只希望我找到工作之后找个人嫁了，这样我未来哪会幸福？妈妈不能只想把我留在身边，我没有错，错的是妈妈。

角度二：妈妈对，我错了

因为爸爸才肝癌过世 3 年，高中毕业后我又肝病住院，其实妈妈实在很害怕我会像爸爸那样离开她，所以宁可我不要继续念书，不求我未来有所作为，只要健健康康待在身边就好。我知道妈妈是担心我的健康，害怕我又会因为熬夜念书而影响肝的病情。其实妈妈没有错，错的是我没有照顾好自己，是我对不起妈妈。

角度三：我们都对，也都有错

其实我们都对。妈妈为了我的健康着想，想着只要我找份平凡的工作就好。我因为家里经济环境不好，想要再多念点书，以后才能找一份不错的工作，替妈妈分担经济压力。

但是我们也都有错。妈妈应该是想说一个女孩子如果不多念点书，未来就会像她一样在婆家被看不起，没有好的经济能力，连每次伸手跟老公拿菜钱都要大吵一架。我也有错，我应该想想妈妈是为了我的健康着想，如果我没有好的身体，又怎么能好好地去念书呢？而她失去我，又要怎么活下去呢？

角度四：无所谓谁对谁错

我妈妈爱我，担心我身体变差，所以阻止我继续念书。我爱妈妈，不舍得她一个人辛苦赚钱，想要好好念书，未来有一天能帮她扛起家中的经济重担。其实我们谁都没有所谓的对与错，都是关心对方，害怕对方太劳累，我们只是没有沟通好。

角度五：所有的角度都对

我想其实我只要把内心真正的想法告诉妈妈，跟她约法三章，保证我不会熬夜念书，让彼此都能真正放心，都信任对方，相信可以解决这场误会，甚至让彼此感情联系得更紧密。

对自己的影响

的确，一开始我很不谅解妈妈阻止我继续求学的心态，甚至觉得她太自私，怎么可以因为自己而把我绑在身边。但事情其实不是这样的，她是以一个母亲担心孩子的立场来看，她非常关心我的健康状况。可见我不够让她放心，因为倘若今天我懂得照顾自己，可以做到让她不需要这样担心，那么她也不会阻止我，为此我要负起比较大的责任。

妈妈生我养我，我长大后还不能够把自己的身体照料好，的确是我有错在先，这个作业让我重新检视了自己的心理过程，虽然事情已经过了很久，我现在还是为当初做了让妈妈这么伤心的事而感到很难过。因为其实我在认为妈妈不懂我时，忘记了她作为母亲也和我有同样的心情，甚至她的伤心难过可能大于我。所以我想，“爱的抱枕”这个作业会让我更懂得在未来做什么事之前，先去考虑妈妈的感受与想法，进一步与她沟通。毕竟她是我母亲，在她伤心难过时，还有谁比我更适合去体谅她呢？

对事件的影响

感谢老师的作业，让我再次警惕自己：不要让自己的想法在无意间伤害了最爱我的人。做了这个作业后，我写了一封信寄回家给妈妈，告诉妈妈对于以前做的很多让她难过的事，我感到很愧疚，请她等待我找到好工作报答她多年来的付出。我也告诉她要信任我，我会好好照顾自己的身体，因为我知道没有健康的身体，我就没有资格去做我想做的事。

之后我接到妈妈打来的电话，她看了我的信吓了一大跳，以为我怎么了，要不然怎么会突然写这样的信。我猜她以为我要去做啥傻事吧，哈哈！其实，我接到妈妈电话的一刹那眼泪就出来了，只是没让她发觉我已经快要哽咽的声音。谢谢老师一个奇妙的作业，让我和妈妈之间的感情可以更靠近！

对“爱的抱枕”的看法

这个作业让我了解事事都要“将心比心”，不要以为只有自己会难过，其实在自己难过或快乐的同时，对方的心也会和我们一样受到影响。如果我们在和他人发生争执时，也可以顾及对方的立场，就能避免许多不必要的争论。

这个“爱的抱枕”很棒，可以让我从多个角度看待整件事，如果人与人相处之间多以这样的心态去看待，一定可以避免许多误会，拉近心与心的距离。其实，往往只需要多一点体贴，多一些替他人着想，就可以将误会化解，甚至从体谅中去感受别人为我们的付出，不管是在亲情、友情还是爱情里。

许多我们与他人的相处情形都是如此，并没有所谓的对错，只是每个人的选择不同。只要我们愿意倾听对方的声音，并且学会尊重，在了解对方的想法和感受后，我们会发现事情的对错其实不重要，重要的是我们如何让彼此勇敢去面对。

爸爸让儿子放弃音乐梦

状况：我最近刚毕业，跟同学聊天之余，对自己的生涯规划有了很多新的想法。我开始不想走学术研究的路线，而想要继续我从小到大的梦想——学音乐，成为职业音乐家。但是跟爸爸沟通之后，爸爸却执意叫我去当老师。

角度一：我对，爸爸错了

我觉得爸爸应该尊重我的想法，因为那是我的人生，自己的人生本来就该有自己的选择。他都不在乎我是否在放弃了音乐这条路之后，老了会后悔，甚至没有机会弥补。我觉得爸爸阻断了我对音乐的热爱，也许我在音乐这条路上成功的机会就此被抹杀了。

角度二：爸爸对，我错了

爸爸毕竟比我经过更多的社会历练，他从前也是为了家里的经济放弃了自己喜欢的东西。而且他是我的爸爸，他做决定的出发点一定是为了我着想，也许经济条件尤其是稳定的工作收入，真的是在社会上立足以及一切生活质量的基础。

角度三：我们都对，也都有错

我对，因为人生有梦就该努力去追求，不该还没尝试就放弃，我还年轻，做任何决定都还来得及，不要让自己空留后悔。

我错，因为我没有想到爸爸对我的担心，他关心我，希望我将来过好日子，而没有固定收入的工作是没有保障的。

爸爸对，因为他是为了我的工作收入以及未来的生活着想。他认为面包比理想更重要，所以希望我有个稳定的工作，可以自食其力，不需要看别人脸色过日子，他觉得这样的生活才有可能快乐。他希望我可以过没有负担和压力的日子。

爸爸错，因为他忽略我的想法，一心只想着他的做法才是对我好的，他没有肯定我在音乐上的才能与兴趣，没有给我任何发展的机会。

角度四：无所谓谁对谁错

我们都有自己的想法和考虑，可能我比较年轻，对任何事情都愿意赌一赌、冲一冲，反正不到最后没有人知道结果会怎样；但爸爸比较保守，觉得凡事都要做好打算跟准备。我们都没有错，因为所想都是基于为我好，只是我们彼此站在不同的角度去看问题罢了。

角度五：所有的角度都对

我们应该更进一步沟通，分析彼此想法的优缺点，或者请爸爸给我一个限制范围，在这个范围内，我可以尽力发展我想要的兴趣，去试试看我在这方面可能会有的成就。同时考虑到爸爸的担心，我可以先去实习，把教师证考到，对未来先有一个小小的保证。

对自己的影响

做完这个“爱的抱枕”，我似乎比较能了解爸爸的想法了。

我想如果我的孩子有这样的想法，我会给他一个合理的可接受的范围，让他能够有保障地过未来的生活，同时讨论一些可能的两全其美的方法。保守派的想法没有什么不对，爸爸也许是在社会上工作很久，对人生有不一样的体认，才会尽力想说服我去当一个有稳定工作的老师。

我现在可以比较冷静地去想，知道爸爸对我的限制并不是不相信我的能力，其实他是不放心我，担心我遭受失败与挫折。我现在比较愿意接受爸爸的想法，因为我仔细思考之后，觉得他实在是太想保护我、关心我了，我感受到了他的爱。

对事件的影响

我想也许我会选择接受爸爸的意见，并在工作之余去学习我的兴趣，如果有机会再往那方面去发展，因为我觉得我太年轻，也许还不懂得很多社会上的状况，例如，爸爸说的“要看人脸色过日子”。我想，跟丧失自己的兴趣比起来，我更不愿意跟别人伸手过日子。爸爸的考虑是对的，如果拿我的冲劲来赌人生，也许失败的赌注是我没有办法承受的。我同时也会跟更多的人聊一聊，听取更多的意见和想法，借以帮助我做这方面的规划。

对“爱的抱枕”的看法

起先看到老师说明，我直觉上认为这个方法对我想讨论的议题可能没有很大的效用，因为我觉得我的想法已经经过多方考虑，这个方法只是让我再一次用正反两面来思考我这个人生规划。但是真正做了之后，我发现自己忽略了一件事，就是爸爸对我的关心与保护，我知道了他的心情，这让我不忍心违背爸爸的意见。天下父母心呐！要是我作为父母，我也会害怕自己走后没法继续保护我的孩子，所以必须要让他自己面对社会上的许多挫折。这个方法让我体会了我与爸爸彼此的心情，帮助我权衡轻重，这是我最大的收获了！

练武第四式：七个感谢

“八面玲珑求”

图 5　八面玲珑球

在我的心理课程中，有一个叫做“八面玲珑求”的感恩活动。学员会动手做一个球体，由八个三棱锥组成。“求”与“球”刚好是同音，在这里取“祈求”的意思，意味着我们对事物许下的愿望能通过这个感恩球的制作而达成。

这个球由 12 张正方形色纸折叠组合而成，必须先依据折纸的程序折叠，每个纸张里面会有 33 条折痕。折完后，我们要重新打开 12 个，把心愿写在里面。

为什么要折完再写？这里有两个原因：

一是，折完后会有33条线痕，“3”意味着“多”，“3×3＝9”意味着“久”。这就好比我们的人际脉络网，意思是人际关系能又多又长久。

二是，先折好再摊开，才有折痕。写完照原样折回是意指要先有人脉，才能有愿力，我们的愿望与感恩是建立在这个人际网络之上的。

我们要把原本的12个，分成3组。第一组有2个，分别写下自己的名字和对方的名字；第二组有3个，将同一个愿望重复写3次；第三组有7个，写出7个不同的感恩。

这个八面玲珑求的重点在感恩的部分。遇到一件事，我们会评论这件事的功过，也就是我们会想着这件事的功劳或者过失。而现代心理学都希望我们能有正向信念，这样我们才能生活在幸福与快乐中，这就是现代所谓的“正向心理学”。对于一件事，我们常常习惯于关注过失和表达怨念，这样会变成责怪别人，也如同前面所提及的“纠举”，会让人感到泄气。如果我们也能念功感恩，也如同前面所提及的勉励与打气，我们就能拥有幸福快乐的人际关系，家庭也会成为幸福快乐的园地。

现在，我们就要练习念功感恩，将感谢写在感恩球里面进行祈福，让我们有着正向愉快的人际关系与和乐美满的家庭生活。所以，请大家一起动手来制作这个“八面玲珑感恩求”。而且要一边折纸，一边许愿，将感恩整理出来，使心中充满爱意，制作的人都说很疗愈呢！

“念功感恩”这个概念是可以帮人转念的，让讨爱凝滞点转成正能量的讨爱满足点。举一个很简单的例子，小莹住在一个大家庭里，她算比较小的晚辈，住的房间就不怎么好，是靠近厨房的。每天早上6点，她都会听到妈妈煮早餐的声音。她心里是有埋怨的，尤其是念了研究所以后，课业更加繁重，常常晚睡，而这个房间的位置却让她早早就被吵醒。

小莹原本只是抱怨，说她不喜欢一大早被吵醒，想多睡一会儿；可是自从做了给妈妈的八面玲珑求之后，她学到“念功感恩”，说她有不一样的心情，能体会妈妈的辛苦。小莹说：“我会想，妈妈一大早就用爱来包围这个家，为我洗衣煮饭，我出门时，她还在晒衣服！可以被人疼爱是幸福的。一年前，我自己住时，衣服自己洗，吃饭吃外食，情况和现在大大不同；现在的我，三餐固定，回家时还有爸妈可以说话聊天，嗯！真的很享受现在的日常生活！老师说‘念功感恩’，看看别人为自己做了什么，要时时感恩别人为自己做了哪些，原来就是这样啊！我又学到啦！”

另外一位研究生育新说：“今天制作八面玲珑求，老师讲到一个观念‘念功感恩’。我们常常容易看到别人的过，尤其是对亲密的人。妈妈那天很晚来接我，所以我对妈妈摆臭脸，并且生气地说：‘你怎么那么晚才来，我等很久！’妈妈听到我说这句话当然也不高兴，她回我：‘刚刚塞车所以慢了10分钟而已，你没想想我让你不用自己坐公交车回家，你怎么不知感恩！’妈妈这句话犹如当头棒喝，我永远记得我当下哑口无言，因为我心中满是愧疚，觉得自己实在太不应该了！现在我知道了，我确实不知感恩，我应该谢谢妈妈还要辛苦来接我，并且忍受塞车之苦。”

还有我的一位老学生，他有令人感佩的精神。他在我们大学里担任技师的工作，太太是一位小学老师，一双儿女都已经读高中了，但他却重回校园学习，并且为了能当一位好爸爸，他来修了“教育学课程”。他说他真的学习到如何通过我们的作业“把爱找出来”。以下便是他的心得。

“上了这么多堂家庭发展的课，了解要把爱找回的重要性，终于在12月10日当天晚餐时得到验证。话说当天情形如下：早上，我去参加一个卫生福利部主办的证照考试。晚上，一家人去吃晚餐，我跟儿子说我有请他的导师帮忙，让同学填写一份问卷（我的教育概论期末报告），儿子当下很生气地跟我说：‘你怎么不先跟我商量并问我的意见，你马上回绝老师。’

“我跟儿子说那是我的期末报告，需要请高中生填写，所以才会想到请他的导师帮忙，儿子还是不愿意，一直叫我跟老师说不用了。我当时真的很想举起手来打下去，但是冷静思考了一下，想到家庭课老师说过要接受孩子的拒绝，所以我请儿子说出他拒绝的理由。他说：‘因为最近功课很多，同学们都很忙，你请我们班的同学写，就可能有同学会不高兴而怪到我头上，那这样你需不需要跟我商量？’听完，我跟儿子道歉，并拿起手机在老师的微信上留言：感谢老师愿意帮忙，不用协助了。儿子问我：‘那你的期末报告怎么办？’我跟儿子说：‘如果学业和亲情摆在面前要我选择，我会选亲情，既然你不愿意，那要我放弃学业，我也愿意。’以前的我，对家人的关怀都是放在心上，很少会说出，但为了把爱找回，我正尝试着说出来。

“吃完晚餐后，儿子跟我说：‘老爸走，我们一起去书局把你的问卷印出来，我明天拿去学校请同学填写再帮你带回来。’我听完觉得好感动，便问他：‘那你要怎么跟老师同学说？’他叫我不用担心，他会帮我完成问卷就对了。我跟他开玩笑说：‘四十张问卷，你可不能自己把它填完喔！’他回说：‘我才没有那个闲工夫，最多是填一张，然后去影印 39 张。’我们一家三口全都笑了。”

这个故事告诉我们，有时候交流的问题在于我们愿不愿意好好停下来，不带评论地听完孩子的话，要改的是我们自己。这里讲的“学习被孩子拒绝”，也不是说一味纵容孩子的叛逆，甚至是背叛。而是，如果我们想要有良性沟通，想要了解孩子，想要当个称职的父母，那我们就应该要暂时练习“先让孩子拒绝”，不要引起孩子反感，多了解孩子除成绩以外的事。你会发现孩子是懂事而善解人意的，他原来也是一面镜子，反射了你对待他的方式。所以，感恩球要先从感恩自己开始。

我们习惯和别人说谢谢，但我们却不懂得如何感谢自己。若仔细想想，就可以知道自己对自己所说的“谢谢”两字，对我们的幸福程度有多深远的影响。懂得珍惜与感激自己的人，总是能够安稳地走在人生道路上，轻松地克服困难。

关于感恩球里面的“七个感恩”，有许多故事可以说。以下，我来举几个不同学员自述的例子。

感谢爱健康的自己

有健康的身体，才能有健康的人生。我的叔叔生病，年纪轻轻就过世了，让我们全家都笼罩着阴影。于是，我决定要过一个

健康的人生，我已经认真践行2年了，我要谢谢自己。这是我的健康执行表：

1. 即使寒流来袭、有风有雨的日子，依然努力起床去上班。

2. 每天都记得喝足量的温开水，保持健康。

3. 会将排定的事项依序做完，不懒惰。

4. 会找时间看剧，开开心心笑一笑。

5. 保持房间干净，让自己有舒服的空间。

6. 骑车时遵守交通规则，保护自己。

7. 买东西前再三考虑，不让自己乱花钱。

感谢自己努力减重

为了自己的健康，奖赏自己有毅力，也为了让男朋友有面子，我要感谢自己努力减重。

1. 感谢自己会控制饮食。

2. 感谢自己来台南没有吃太多小吃。

3. 感谢自己认清体重真的有点太重了。

4. 感谢自己虽然胖，但是没有放弃打扮自己。

5. 感谢自己报名了健身房的课程。

6. 感谢自己买了很好看又好穿的运动服，这样才有动力去健身房。

7. 感谢自己交了一个会运动的男朋友，平时一起去运动，增加减重的动力。

感谢妈妈保持身心健康

我们家人都很担心我妈妈，因为前阵子外婆刚刚过世，妈妈消沉了一段时间。但这些日子以来，妈妈越来越好了。我要感谢妈妈保持身心健康。

1. 感谢妈妈会固定每天找同事运动。

2. 感谢妈妈会跟同事常聊天，抒发自己的心情。

3. 感谢妈妈会参与学校的团购，通过购物维持心情愉悦。

4. 感谢妈妈有时候很懒，但是我跟爸爸邀她出门，她还是会答应。

5. 感谢妈妈在跟我讲电话时，都会告诉我生活琐事，不管是生气的还是高兴的事。

6. 感谢妈妈对自己很好，让自己吃好用好，不亏待自己，例如去吃大餐，或是买好的保养品。

7. 感谢妈妈选择嫁给一个会帮她分担心事的老公。

感谢自己与儿子维持良性交流

跟儿子总是不对盘，儿子说我只关心他的成绩，他讨厌我，觉得我一点都不关心他。我想我要来练习与儿子维持良性交流。

1. 下班回家进门前，叮嘱自己三次“不把工作的不好情绪带回家中”。

2. 每星期会回顾，找出一件麻烦的事，告诉自己“要与麻烦当朋友”，然后重复去做这件麻烦事。例如，当看见儿子在玩计算机游戏时，握拳十秒，不说话，拿出纸板提醒儿子不要再玩了。例如，儿子一定将鞋子和书包放在门口，我看到后，自己过

去拿来放好。

3. 每次和儿子结束通话时，不是用表情包，而是说或写“我爱你”。

4. 每天主动找到 10 分钟，跟儿子说：我想听你说今天你在学校发生的事。

5. 每天练习绝口不问儿子的成绩。即使在成绩单上签名，也只是点头，除非儿子主动提起。

6. 每星期让儿子可以对一件事发表一次观点，自己不能有意见。

7. 每做到一项就写在笔记上，一星期一次拿给儿子看，请儿子签名。

感谢自己与女儿好好相处

由于女儿天天都好像很生气一般，也不知道谁得罪她，总是臭脸相向，我就会忍不住念叨她。然后我们母女就会吵架，要不就冷战，我想要改善这种关系。只要看女儿不顺眼，我就自己先排遣，学习让青春期的女儿表达拒绝，尝试只听女儿说，不评论：

1. 谢谢自己列出目前手上有多少要做的事，掌握时间安排。

2. 谢谢自己估算完成的时间，能用比较宽容的方式，不逼自己。

3. 谢谢自己每天愿意出门散步 10 分钟，维持心情稳定。

4. 谢谢自己先想好该如何邀约女儿，并确认自己是真的想做这件事。

5. 谢谢自己能向女儿真诚说出自己想多聊聊，说出内心话的感觉很好。

6. 谢谢自己说好在这个约谈内，女儿尽管说，我不能回嘴，只能记录。

7. 谢谢自己完成第一次对谈，女儿的拒绝不像我想象的难接受。

感谢自己练习不害怕婆婆

我很怕婆婆，因为她有不满会马上开口骂人。但是我希望我自己能克服这种害怕，能够态度大方、说话有条理地面对婆婆。

1. 面对不得不说话的场合，会先准备草稿，写下自己要发表的内容。

2. 开口时慢慢讲。虽然语调一时无法改进，但可以先慢慢讲，尽量讲得清楚明白。

3. 让自己能专注在说话的场合中，而不要推测婆婆表情的含义。

4. 虽然会在意婆婆的眼光，但记得要随时提醒自己往好的方面想，这样才不会让自己越来越紧张。

5. 多多观察先生怎么说话，是如何有条理地说话，并且虚心请教先生。

6. 私下多练习，让自己能从模仿先生的态度开始，去学习如何清楚讲话。

7. 若得到友善结果，就是婆婆满意，要记录下来，用一本笔记收藏着，慢慢找到跟婆婆之间合适的说话方式。

结 语

爱才是最大的力量

亲密的人之间可能很相似，但也可能差异巨大，继而产生矛盾。两个差异很大的人能在一起，是因为爱才是最大的力量。

以我的家庭为例，我和我先生很不一样，我们的亲朋好友常常问起我们为什么这么不一样。真要我说，最大的不一样不是别人看到他不愠不火、我快人快语，而是他很不喜欢我凡事不知道上心、不知道与人保持安全距离，但是我觉得很好。我总说，“乐观又不会死人”“跟人亲近又没被电死”。

有一次，我们只是外出聚餐，庆祝儿子满周岁，回来时却发现所有亲戚送的礼物，金子、红包、录像机等全部被小偷从浴室小窗进入房里偷走了。我先生气坏啦，他说我就是不上心，出门也不知道锁好所有的门。我说没关系，小偷刚好需要，而我们暂时用不到，就当做好事了，而且已经损失了财物，千万不要再损伤心情。

我先生认为我这是一种“要命”的乐观。他呢，则是凡事担心，没有一件事是轻松的，总是要未雨绸缪，小心翼翼。不仅如此，他还一定要我跟他一个模样，学着担心，学着保持生存的安全距离，说是为我好。这是让我最不快乐的一件事，因为我想不通啊！他不就是被我这潇洒可爱的个性吸引、着迷了才跟我求婚的吗？怎么现在竟然要我全部改掉？

后来，他被我的回答气到，但他生气也跟我不一样，他生的是闷气。只是后来他知道了，生闷气也要看对方配不配合演出，他就再也维持不到 6 分钟。因为我不想让这样的生闷气状态“一次联结完成”，所以我就死缠烂打，靠近他、亲他、抱他，腻着他，最后他说没见过这种人，但也只好将就着不生闷气了。然后，我们的婚姻里就再也没出现过他擅长的冷战！

我先生是个生活规律的人。他很守时，每天 7 点醒来，一定要在床上静静躺 5 分钟才起床；固定在 50 分钟后出门到学校，也必定在下午 6 点钟以前回到家。我从来没有在这方面管过他，但是如果他有事耽搁，即使是慢个 5 分钟，他都会打电话来跟我说他会慢 5 分钟到家。

我有时会觉得很好笑，也有些时候会觉得很烦。直到一件事使我明白，他是连 5 分钟的担忧都不给我的。有一次他在我家楼下遇到同事，聊起一件重要的事，忘了时间，又没办法打电话给我。当时我很担心，想到各种不好的可能，还打给先生研究室隔壁的同事，拜托那位同事帮我看看他是否安好。我这才明白平日里他对我的爱。所以，我接受了他悲观担忧的爱的方式，后来也觉得很舒服自在。

另外有件事，也让我感受到我先生对我的爱。我爸爸是北方人，我们家爱吃面食；我公公家是南方人，习惯米饭。我从小吃水饺，有个习性，一定配着喝下煮水饺的面汤，这叫“原汤化原

食”。可是我先生却一定要另外做汤。先生刚开始时不能明白，我们有穷到需要喝面汤吗？后来一次一次地，他也明白了，这就是一种习惯嘛，也是解“乡愁”。

最初，我自己煮时没问题，但如果是先生煮，他就会倒掉面汤；渐渐地，他也会记得帮我留一碗面汤，不过一定要加点盐巴。然后我会很认真告诉他，加了盐巴完全不是那个味道，我要的是能回味的属于爸爸的味道。他听懂了，现在他会帮我准备一碗没加盐的面汤，然后问我要不要加点盐巴试试。

为了爱，他一再地问我，不停地尝试。那种“二度微调”的深情，我其实很感动的，不但不会觉得他烦，反而觉得那爱意好浓好浓。我先生的爱一直都在，只是我内心在感受这个爱的时候，却越来越舒服自在，那是因为我一直都认真努力地让他知道，我不一定是他想要的样子，但是我是真实的我，这让他爱得也很舒服自在。

人间有情，情深意浓。成为家人是很深的缘分，要相爱相亲，要学着让彼此都自在舒适。有时候，我们的讨爱就凝滞在一种记挂的心念上，那个凝滞点一直停在那儿，等待我们某一天能够再回到原处，把凝滞的原因再次解开。找到凝滞点，就能把爱找回来，将负面的情绪转变为正向的能量。

虽然我提到很多爱人之间、家人之间的讨爱互动，但道理都是相通的。讨爱是物种的生存本能，任何人际之间的讨爱行为都有值得探讨的意义，而我们能够明白每个人与他人之间既有差异、又有共通，明白讨爱凝滞与讨爱满足，就能将这些受用的知识拿来分析孩子的讨爱行为，当个称职的父母，学会勉励孩子。

更重要的当然是练习，讨爱练功很有必要。多做几次“一个问题”“爱的抱枕”“感恩求”“转量贴”的练习，熟练了以后，我们也可以漂亮、快速、顺利地转弯，重新看清楚时光故事里的深厚爱意，懂得感恩。相信就在这一次一次的转弯、一点一点的进步中，我们将遇见最美的时光，收获满满的爱的力量。